互联网 + 旅游营销

赵 蕾 著

电子工业出版社
Publishing House of Electronics Industry
北京·BEIJING

内 容 简 介

随着互联网技术的迅猛发展，各行各业借助互联网技术营销和服务都实现了精准营销。旅游业作为推动国家和地区发展的重要经济力量也呈现出形式多样性、营销手段多元化的特点。

本书结合互联网和大数据在旅游业的应用，分析和研究了"互联网+旅游"背景下的旅游业营销创新模式，一方面使旅游业更有效、更精准地为顾客提供个性化服务；另一方面使读者对"互联网+"背景下的旅游业营销模式的前景有一个全面清晰的认识。

本书共七章，第一章介绍互联网营销与传统营销的区别，阐述了互联网在旅游业中的影响；第二章重点介绍了国内外互联网旅游营销研究现状；第三章阐明了旅游目标市场；第四章重点介绍了旅游产品开发策略，第五章和第六章分别研究了互联网+旅游背景下的旅游产品价格策略和品牌营销策略；第七章结合微博、抖音、携程网等互联网新媒体，对如何展开旅游营销的创新进行分析和探究。

本书内容通俗易懂、层次分明，案例新颖丰富，结合当前互联网背景下智慧旅游的发展进行全面介绍，可作为广大旅游营销从业人员的参考书。

未经许可，不得以任何方式复制或抄袭本书之部分或全部内容。
版权所有，侵权必究。

图书在版编目（CIP）数据

互联网+旅游营销 / 赵蕾著. —北京：电子工业出版社，2022.12
ISBN 978-7-121-44704-4

Ⅰ.①互… Ⅱ.①赵… Ⅲ.①互联网络—应用—旅游市场—市场营销学—研究 Ⅳ.①F590.8-39

中国版本图书馆 CIP 数据核字（2022）第 241146 号

责任编辑：刘志红（lzhmails@163.com）　　特约编辑：张思博
印　　刷：天津画中画印刷有限公司
装　　订：天津画中画印刷有限公司
出版发行：电子工业出版社
　　　　　北京市海淀区万寿路 173 信箱　邮编：100036
开　　本：720×1 000　1/16　印张：12　字数：192 千字
版　　次：2022 年 12 月第 1 版
印　　次：2022 年 12 月第 1 次印刷
定　　价：89.00 元

凡所购买电子工业出版社图书有缺损问题，请向购买书店调换。若书店售缺，请与本社发行部联系，联系及邮购电话：(010) 88254888，88258888。
质量投诉请发邮件至 zlts@phei.com.cn，盗版侵权举报请发邮件至 dbqq@phei.com.cn。
本书咨询联系方式：18614084788，lzhmails@163.com。

随着我国经济的快速稳步发展,我国旅游业作为现代服务业的重要组成部分呈现出了不断增长的强劲势头。旅游业已成为我国国民经济的战略性支柱产业,而且成为推动国家和地区发展的重要经济支柱。

互联网的普及和自媒体的迅猛发展极大地改变了旅游业的营销模式。互联网技术持续更新迭代为旅游业高质量发展提供了强大动力。我国文化和旅游部《关于深化"互联网+旅游"推动旅游业高质量发展的意见》指出,"要坚定不移建设网络强国、数字中国,持续深化'互联网+旅游',推动旅游业高质量发展,更好地发挥旅游业在促进经济社会发展、满足人民美好生活需要等方面的重要作用,助力构建以国内大循环为主体、国内国际双循环相互促进的新发展格局"。本书在编写过程中以此为背景,在新的市场环境下结合国内外旅游营销理论与实践的最新发展进行探讨,力求内容深入浅出,文字简练、通俗易懂。在遵循旅游营销的基本框架基础上,结合中国特色的旅游营销特点,引入互联网+旅游营销的创新案例分析,归纳和总结我国旅游市场发展新特点。

本书由武汉商学院旅游管理学院赵蕾副教授著,是教育部产学研协同育人项目 2020 年第一批《基于〈旅游营销综合实训〉课程的线上线下混合式教学培训项目》(项目编号:202002002034)、湖北省教育科学规划课题《校企合作开发〈旅游营销实务〉课程的探究》（课题编号：2011B381）和湖北省教科规划课题 2022 年重点课题《基于 PBL 的应用型本科高校旅游专业理实一体化教学模式探索与实践》（课题编号：2022GA081）的研究成果。本书在编写的过程中得到了武汉商学院领导、同事们的帮助和支持。同时，在编写过程中，参考了国内外专家学者的著作和相关文献资料，他们的研究成果是本书的写作基础。在此对帮助和支持我的同人和国内外旅游营销研究的专家学者们表示衷心的感谢。

  笔者深知，在本书编写的有限时间内，中国的旅游营销环境没有停止变革和创新，因此本书还有不断改进和完善的必要性。同时，由于笔者水平有限，书中难免存在疏漏之处，恳请广大读者和专家、学者批评指正。

作　者
2022 年 9 月

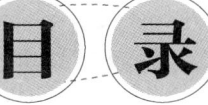

CONTENTS

第一章　互联网与旅游营销 ·· 001

　第一节　传统营销与互联网营销 ·· 002

　第二节　互联网对旅游业的影响 ·· 004

　第三节　互联网在旅游业中的运用 ·· 009

第二章　国内外互联网旅游营销研究现状 ···································· 025

　第一节　国内互联网旅游营销研究 ·· 026

　第二节　国外互联网旅游营销研究 ·· 032

　第三节　国内外研究述评 ·· 034

第三章　旅游目标市场 ·· 037

　第一节　旅游目标市场细分 ·· 038

　第二节　旅游目标市场选择 ·· 046

　第三节　旅游目标市场定位 ·· 050

第四章　旅游产品开发策略 ·· 057

　第一节　旅游产品的概念 ·· 058

  第二节　旅游产品生命周期 ………………………………………… 065

  第三节　旅游新产品开发 …………………………………………… 072

第五章　旅游产品价格策略 …………………………………………… 082

  第一节　旅游产品定价因素 ………………………………………… 083

  第二节　旅游产品定价方法 ………………………………………… 085

  第三节　旅游产品定价策略 ………………………………………… 092

第六章　旅游产品品牌营销策略 ……………………………………… 108

  第一节　旅游产品品牌 ……………………………………………… 109

  第二节　旅游产品品牌策略 ………………………………………… 113

第七章　互联网+旅游营销创新探究 ………………………………… 124

  第一节　微博营销 …………………………………………………… 125

  第二节　微信营销 …………………………………………………… 135

  第三节　抖音短视频营销 …………………………………………… 151

  第四节　直播平台营销 ……………………………………………… 161

  第五节　携程、飞猪旅游网站营销 ………………………………… 170

参考文献 …………………………………………………………………… 179

第一章

互联网与旅游营销

第一节 传统营销与互联网营销

1. 精准化营销

无论是从顾客需求，还是从价值创造角度看，互联网营销与传统营销都存在着明显区别。2005年，世界级营销大师菲利普·科特勒教授第一次提出精准营销的概念。所谓精准营销，就是在精准定位的基础上，依托现代信息技术手段建立个性化的顾客沟通服务体系，实现企业可度量的低成本扩张之路。我国精准营销理论体系的创建者徐海亮认为，精准营销是通过现代信息技术手段实现的个性化营销活动，通过市场定量分析的手段、个性化沟通实现企业对效益最大化的追求。按照菲利普·科特勒教授的观点，精准营销应具有三个层面的含义。第一，要有精准的营销思想；第二，在实现精准营销的过程中，需要精准体系的保证手段；第三，达到低成本可持续发展的企业目标。与传统营销相比，精准营销具有更加突出的优势。

在精准营销中，运用互联网技术和先进的网络通信技术手段，能够更加方便快捷地让企业和顾客进行沟通，并在企业与客户之间建立稳定忠实的客户群，最终满足企业长期、稳定及高速发展的需要。同时，旅游企业还能够摆脱众多中间商、渠道上的环节。精准营销打破了传统营销仅能定性的局限，摆脱了传统营销对渠道的依赖，真正实现了与顾客的精准沟通与交流。

此外，精准营销还能降低传统营销推广中企业与广告商之间所必需的高成本，使企业营销推广能够低成本快速增长。例如，黄山风景区利用大数据统计分析不同游客的来源地、游览轨迹、停留时长、消费能力等，对游客进行"标签化"分类，实现智能化管理，为旅游产品精准营销提供了科学依据。

2. 改变旅游消费者行为

互联网大数据传播的广泛和迅捷使消费者的消费行为发生了极大的改变。与传统营销模式相比，消费者能更加方便、快捷地获得最新的旅游市场资讯，更加充分地掌握旅游市场行情，可以通过货比三家的方式购买到理想商品，由传统的厂商营销推广让消费者被动接受转变为消费者主动理性的消费行为。

同时，在大数据时代，旅游企业能够利用互联网大数据查找并精确搜集旅游消费者的网页浏览信息，购买商品种类、频率等消费行为的详细数据，通过大数据分析消费者的日常购买消费习惯，判断消费者类型、偏好，按行业、地区、性质对客户进行不同的分类，对消费者进行精准定位，以此为基础制定出有针对性的产品组合和营销计划，为旅游消费者提供个性化的服务，提高客户满意度，建立良好的客户关系，达到营销的最佳效果，真正实现个性化服务营销。

3. 完善旅游营销路径

随着互联网大数据时代的到来，传统的营销渠道如电视、报纸等逐渐被

信息传播更快捷和广泛的新媒体所取代。传统营销往往容易受时间、空间、地理位置和地域的限制，而互联网大数据网络营销可以在任何时间、地点进行全方位营销，打破传统营销在空间和时间上的局限性。除此之外，大数据可以帮助旅游企业有效地搜集、筛选信息，利用信息制定销售策路，将促销决策的制定过程从单纯依靠经验转变为更加科学的方式，最终实现促销效果的最大化。同时，大数据的合理使用，还能够极大地提高客户管理效率，高效地改进商品销售管理以促进交叉销售。企业只有将互联网大数据与市场营销充分地结合起来，才能在激烈的市场竞争中获胜。

第二节　互联网对旅游业的影响

1. 互联网旅游现状

当前，大数据背景下互联网的快速发展和变革已经进入频繁、迭代升级的加速演进中。在这个关于大数据、互联网、人工智能、云计算、5G、VR的时代，国内旅游业除携程旅游、同程旅游、马蜂窝等文旅赛道的企业外，还有阿里巴巴和腾讯等外围企业的强势入围，竞争变得更加激烈。同时，旅游产品的竞争带来的是旅游用户体验的不断提升和优化。大数据和互联网的应用大大降低了信息和数据的流动、传输、存储成本，提高了效率。无论是线上旅游企业利用数据捕捉和运营旅游用户，还是供应商和 B 端企业利用数

据科学分析和挖掘客户价值，毫不夸张地说，大数据、互联网等新技术的成熟应用会使我国的全域数字化旅游营销迈上一个崭新的台阶。随着过去20年旅游业的快速发展，大数据、互联网、人工智能、云计算、5G、VR 的运用为其注入新的动力，让整个旅游营销行业形成数字化的新格局，技术不断赋能旅游业形成旅游产业发展的基础设施，线上化率、景区预约率、数字展示普及率、宽带覆盖率、数字化平台的效能、用户体验、运营水平、网络速度等"云旅游"新应用场景得到提升。

（1）智慧化旅游。

大数据和互联网技术的变革正在深刻地影响未来旅游企业的变革。未来10年，互联网科学技术的进步会超过过去一百多年科学技术的进步。大数据、互联网、人工智能、物联网、5G时代的到来迅速席卷和快速改变着我们的生活和旅行，智能手机的广泛运用也在极大程度上影响和改变着我们的生活。未来，大数据和互联网技术的变革对旅游和旅游经营的影响不可估量。

未来10年，一方面，大数据和互联网技术的变革会使旅游者的旅游体验得到极大的提升，大数据和 5G 的迅猛发展会让流量变得更加便宜，网络通信更加顺畅，极大地方便人们对于旅游产品的预订、目的地信息的捕捉、人与风景的交互；另一方面，大数据、互联网、人工智能、VR 的发展可以使旅游者在家里看到全球各地的美景，体验一场"云旅游"。旅游者坐在家里就可以欣赏日本的樱花和青海的油菜花，感受黔西南的民族风情，聆听敦煌的文化熏陶讲解。在今天，这一切似乎离真实旅游的体验感还有一定距离，但在未来，随着交互体验技术的成熟，一切都有可能。我们对于旅游目的地的了解，最早始于诗歌、文字、攻略，随着读图时代的到来，对视频、直播的互联网体验，使旅游消费者的感官层次不断加强。虽然大数据、VR "云旅

游"不能替代真实的存在感更强的现实旅游体验，但在体验上可以实现互补和资源共享。在旅游目的地数字化方面，各个旅游景区和目的地都在建立大数据、互联网应用平台，提高流量智能预测和管理，帮助企业实现旅游目的地从传统向智慧的转型升级。企业采用大数据数字处理、机器学习、用户画像存储分析、出行预警、行业市场分析预测、上下游资源集成调度等，统计外来车辆及游客人数、监控景区人流量状况，并发出调控和限流的信号。依据大数据预测，对旅游旺季、黄金周拥堵等情况进行引导疏通，远程指导处置旅游救援和应急事故等，提升服务能力和服务质量，真正实现目的地经营效率的提升。

例如，在如今的市场上，儿童研学旅游和面向老年人的夕阳红旅游非常火热。研学旅游的孩子跟随学校出游，夕阳红的老人们跟随旅行社、旅行团出游，儿童的父母和老人的子女都不够放心，但是如果有了互联网和大数据技术，就可能在未来实现旅游全过程的实况跟踪直播，孩子足够安全，老人不再被骗，孩子的家人和老人的子女只需要通过手机就可以实现实时跟踪，了解旅游中实际发生的各种状况，还可以一起分享出游的喜悦，这在大数据和互联网技术层面是完全可以实现的。

（2）体验化旅游。

大数据背景下的旅游体验升级还体现为旅游出行的智慧性。每到节假日旺季，景区拥挤的人潮会大大地影响旅游体验。但是，随着互联网大数据的计算能力的提升，以及万物互联技术的不断成熟，未来的旅游出行、景区游览都能实现实时监测，可以极大地提高旅游等待效率，减少排队等待游玩的时间。例如，旅游中的打车，不需要提前在路边漫无目的地等待，只需要在约定时间到达指定地点等待司机，可以大大提升游玩效率。未来的公路出

行、景区游览，都会实现提前预约和智慧分流，让旅游者把更多的时间放在"游"和体验上。同时，在大数据和互联网运营中，在旅游酒店的入住和离开方面，旅游者可以实现手机端的自助操作，不再需要交押金，即可自主实现 Check in 的环节，从入住到离开实现全流程自助，高效，安全，又放心。总体来说，旅游者现在用在等待和酒店预订上的时间，在未来都可以通过大数据和互联网技术手段节省，让旅游更智慧。旅游消费和传统电商消费存在着差异，现在的携程旅游和同程旅游，针对旅游用户的了解和大数据还不够健全，数据维度不够就无法建模和分析，从而无法精准了解用户需求和推荐产品。像携程、同程旅游这样的互联网旅游公司，运营人员拿到的经营分析数据也只停留在 UV、PV 等非常粗糙的数据结论上，无法做进一步的用户分层和精细化的分析运营。

2. 互联网旅游营销变革

营销学大师菲利普·科特勒指出："与以产品为中心的营销 1.0 时代和以顾客为中心的营销 2.0 时代相比，在营销 3.0 时代，企业必须将消费者视为一个有思想、有精神的完整的人来对待。"营销 3.0 时代——"以人文主义为中心的时代"是 21 世纪一种全新的营销传播方式，被称为"创意营销传播"。与传统的大众营销和分众营销不同，它使用各种有创意的营销传播方式进行营销，力求通过丰富的内容、传播媒体及沟通方式的创新得到更多的受众群体，并且产生更好的营销效果。先进的企业不仅追求品牌的独特性，还要讲究"品牌道德"。这些意义需要以战略的高度整合到"使命、愿景和价值观"中去，归根结底就是"得道多助，失道寡助"。同时，营销 3.0 时代的营销是

基于海量数据，结合消费者不同的需求，提供个性化服务的营销模式。大数据时代的到来恰恰为这一目的创造了条件。大数据利用电子商务、互联网营销、O2O等多种手段，引发了一系列商业变革。在大数据商业变革中，大数据不仅是一种简单的技术工具，更是企业的新型管理文化，同时还是"基于数据的"决策文化。

针对旅游营销，随着互联网的快速发展，旅游消费者早已不是旅游前通过旅行社或电视报纸获取相关信息，旅游中听任导游或旅行社安排，跟随大众观光浏览的出游模式，而是追求具有个性化、更加自由化的出游方式。传统旅游营销已明显落后于旅游市场的发展趋势。旅游消费者获取信息的渠道日益丰富，他们主动地搜集有用的信息，并参照他人的点评和反馈，对相关信息做出自己的判断，然后不断将信息分享，扩大影响力。旅游产品与其他商品不同，旅游产品是在不可重生的自然资源和特色文化资源的基础上进行开发设计的。旅游业属于典型的服务性产业，又是一个综合性较强、跨多个行业的多元化产业。旅游活动除了旅游之外，还有食、住、行、购、娱等活动，而与此相关的产品是可以依据不同游客的爱好进行个性化设计的。同时，由于旅游消费者对旅游产品的使用权只有旅游者亲自到旅游地才能使用，所以旅游业个性化的应用主要体现在个性推荐服务上。旅游用户借助电子商务平台，在旅游信息中自己搜索、筛选进而做出判断，形成旅游订单。随着大数据时代的到来，个性化服务被提升到更高的层次，推动了整个旅游业及其服务的个性化发展，通过互联网大数据精准预测每位游客的兴趣爱好，甚至行为倾向，用来满足游客的个性化需求。同时，大数据技术推动着旅游营销向精准化方向发展。

未来10年将是技术深度影响和变革的重要时期，随着旅游企业数字营销

互联网与旅游营销 第一章

的发展和互联网技术的加强，旅游产业的发展也会更上一个台阶。云计算、物联网、大数据、5G、VR 等正在不断提高旅游产业的经营效率和旅行体验。旅游营销的精准性不但可以提高旅游消费者的满意度，增强体验质量，还能巩固旅游消费者对旅游地和旅游企业的满意度。互联网在过去 20 年已经深刻影响了中国旅游产业的发展，未来 10 年还将继续影响中国旅游产业。互联网大数据改变旅游产业经历了三个阶段。第一阶段，实现信息线上内容的传播，如早期旅游门户网站和论坛（搜狐旅游、途牛、穷游和马蜂窝等）。第二阶段，企业逐步实现线上预订、支付和交易的完整流程，如携程、艺龙、飞猪旅游等，使旅游用户能够通过网络预订属于自己的个性化旅游行程。第三阶段，实现企业资源端的高效调配和旅游消费端的用户体验提升。

第三节 互联网在旅游业中的运用

国务院在 2015 年提出的旅游发展行动要求"互联网+旅游"，其中要求旅游业应积极主动地融入互联网信息时代，旅游业发展需要用信息技术来武装和指导。

针对"互联网+旅游营销"，我们认为，旅游大数据的发展带动了旅游产业的全面升级，是传统旅游发展的重要补充。智慧旅游包括智慧管理、智慧服务和智慧营销三个方面，是基于新一代信息技术，为了满足游客日益增长的个性化需求，为之提供高品质、高满意度服务的管理改革。互联网的飞速发展帮助旅游目的地精准地预测未来一段时间内的客流量，使旅游相关行政部门提前做好相关方案，制定疏导和调控策略，指导游客智慧出行。同时，还可以通过收集实时信息、分析实时数据的处理技术，智能化地提高管理、服务和营销水平，促进智慧旅游的发展。以杭州为例，作为国内优质的旅游目的地，杭州在互联网+旅游营销最初的发展阶段，就利用大数据为目的地营销做诊断或决策，并针对核心游客群体推荐个性化的旅游产品，通过游客真实的评价和反馈，更好地优化目的地体验，不断丰富市场上受欢迎的旅游产品及服务。

1. 在旅游景区中的应用

通过互联网大数据，可以建立一个包括景区人数、车辆、天气及景区承载量等方面的旅游区数据统计网站。旅游目的地可以将现场人员数据及时统计到网站中，游客便可以根据统计人数结合景区的承载量，来判断在一段时间内是否适合进入该景区。同时，统计停车位的数量也可以帮助游客选择如何到达景点，是自驾游，还是乘坐公共交通工具。大数据监控系统能利用移动通信、地理信息等数据，统计衡量景区的人群流量变化动态，监控人员流向、流速，及时调整车辆运营班次，制定预警等级。例如，故宫博物院利用大数据平台，及时掌握客流、车流情况，实时分时段预约售票，使游客可选择具体入园时间，错峰科学游玩，同时也确保了游客安全。

同时，景区大数据舆情监测系统不仅能监测景区的舆情传播趋势，方便景区管理人员及时掌握舆情发展脉络，还能对媒体报道、网民话题与潜在游客情感倾向进行剖析，积极响应并疏导部分负面舆情中隐含的游客诉求，及

时通过官方媒体发声，从而化解矛盾。这些数据的分析结论可以适当地引导游客的出行。将游客引导至旅游人数不太拥挤的景区。通过互联网大数据的分析和预测，不仅可以给旅游者提供愉快的旅游感受，还能减缓旅游目的地在旺季中的压力。游客和旅游目的地景区都应该充分地利用大数据来打造适合自己的旅游方式。

2. 在旅行社行业中的应用

目前国内旅行社行业数据集中于文化和旅游部 2018 年建立并逐步推广的"全国旅游监管服务平台"。大数据的发展对旅行社来说，机会与威胁并存。关于机会：旅行社通过大数据可以了解游客喜欢什么样的产品，进而开发适销对路的产品；通过对大数据进行分析，旅行社可以了解旅游客源地主要来自哪些地区，从而有针对性地进行营销，并制定游客所喜欢的线路，在最大程度上降低旅行社的经营成本，实现利润的最大化。关于威胁：随着互联网的迅速发展，游客自己掌握了相关的旅游信息之后，选择自助游成为一种大趋势，这样势必给旅行社造成很大的经营压力。在这样的背景下，旅行社要想生存，只有不断提高自身的服务能力和水平，打造特色的旅游线路和优质的服务，才能适应环境的变化。

3. 在酒店业中的应用

成功的市场定位是使一个企业的品牌快速成长的基础，企业进行品牌定位的第一步是进行大数据的市场分析和调研。应用大数据技术分析顾客需

求,优化自身服务,提升管理效率,对现代化酒店管理意义重大。酒店行业要想在激烈的市场中分一杯羹,那么必须建立大数据战略,拓宽酒店行业调研数据的广度和深度,从大数据中了解酒店行业的市场构成、细分市场特征、消费者需求和竞争者状况等因素,在科学系统的信息数据的收集、管理及分析的基础上,提出更好的解决方案,保证企业品牌市场定位具有个性化,提高企业品牌市场定位的行业接受度。同时,酒店还应该有自己的微博、微信公众号、论坛等,通过在各大电商平台上分享的各种文本、照片、视频、音频等信息获取关注度。有条件的酒店还可运用大数据管理工具对酒店进行全方位的口碑营销,让更多的消费者对酒店的区位、价格、服务等优势有更为全面的了解,从而达到"知彼知己,百战不殆"的目的,以便更好地为消费者服务,发展忠诚顾客。

4. 在旅游交通中的应用

在旅游交通中,一方面,旅游者根据互联网和 GPS 信号,可以在地图上标示旅游目的地景点所在的位置。司机和游客们可以根据自己的实际情况选择合适的道路,以便尽快地到达目的地,完成自己的旅游计划。另一方面,可以利用互联网大数据预测旅游目的地的天气情况。旅游客车和自驾游的司机可以对大数据进行分析,评估关键路段行驶的可靠性,从而确定在哪条道路上行驶。互联网技术的运用为游客的出行提供了方便,节约了大量的时间。

5. 在旅游行政部门中的应用

目前，旅游大数据的实施尚无严格意义上的顶层设计，缺乏自上而下的系统性规划，一方面与长期以来企业无法提供高质量、因地制宜、切实可行的规划方案有关；另一方面也与政府主管部门及旅游景区、旅行社、酒店等在旅游信息化特别是大数据方面人才匮乏，无法从需求侧驱动顶层设计的实施有关。从行业实践看，目前的旅游大数据实施方案多是集成商或承建方主导的技术方案，并且多把项目技术指标作为可行性研究或规划内容的标准，忽视了旅游业真实业务、决策需求、使用场景等关键因素，使旅游大数据平台规划和建设长期与后续的数据运营、使用脱节。旅游行政部门作为旅游管理部门，需要对游客旅游过程和旅游企业经营活动中产生的数据，以及旅游管理和目的地促销活动中产生的数据进行深入挖掘和分析，为旅游决策提供可靠且准确的依据和支撑，从而进一步提高效益，促进行业的转型升级。

案例：戴斌——科技创新是旅游业高质量发展的必由之路

习近平总书记在科学家座谈会上强调，充分认识加快科技创新的重大战略意义。"我国经济社会发展和民生改善比过去任何时候都更加需要科学技术解决方案，都更加需要增强创新这个第一动力""我国十四五时期以及更长时期的发展对加快科技创新提出了更为迫切的要求"。文化和旅游部学习贯彻党的十九届五中、六中全会精神，先后提出了发展大众旅游，升级智慧旅游，建设现代旅游业体系等工作要求。从经济社会发展和旅游业演化的宏观视域出发，我们可以得出显而易见的论断：在推进旅游业高质量发展，促进文化和旅游融合发展，建设现代旅游业体系的战略进程中，科技创新特别是移动

通信、物联网、大数据、人工智能扮演了无可替代的关键角色，发挥了至关重要的积极作用。在文化和旅游融合发展的进程中，各地行政主体和市场主体要结合大众旅游发展的时代特征和地方旅游业的发展环境，实施科技创新策略，以新发展理念推进旅游业高质量发展。

一、科技正以前所未有的力度改变社会生活方式，以前所未有的速度重构包括旅游在内的当代经济体系，以前所未有的温度照亮小康中国的旅游梦想。

中国科学史上有著名的"李约瑟之谜"，即中国古代曾经创造出辉煌的成就并领先于世界，明代中期以后却止步不前，与西方的差距越拉越大。在众多学者论著中，我记忆较深的是林毅夫教授的解释：在相当长的历史时期内，较高人口密度的国家出现杰出的数学家、天文学家、物理学家、医生和工程师的概率，远高于那些较低人口密度的国家，或者说科技和人都是人口总数和国土面积的函数。欧洲文艺复兴后，科技进步更多依赖于实验室装置，而非科学家个人的兴趣。如同经济活动一样，迂回的生产方式总是比自然力直接作用于生产对象更有效率，仍然依靠传统生产方式的中国逐渐失去了对世界科技进步的领导力。之所以与同志们分享多年前的学术观点，是因为今天旅游产业的进步同样是依赖于科技推动的迂回生产，而不是基于传统资源、劳动力及现代生产方式。如果不能有效推进市场主体实施科技创新战略，不能帮助地方政府特别是旅游管理部门有效落实"科技+旅游""互联网+监管"新发展理念，当代旅游发展理论和旅游大数据就不能真正回应旅游产业实践所提出的时代之问。

携程、去哪儿、马蜂窝、途家等在线旅行服务商的成功，是移动互联网、大数据、创业团队、时代需求等多重因素综合作用的结果。在改革开放

初期的入境旅游时代，旅游发展的基础设施、商业环境和公共服务尚不健全，外国人、港澳同胞、台湾同胞和海外侨胞主要采取团进团出的方式，旅行社是旅游业的中心，也是龙头。在财务靠算盘、信息靠手写的年代，能够拥有电话机、传真机、打字机的旅行社，在同时期人的心目中就是现代商业文明的代表了。回过头看，那个时代的旅行服务主要依赖于导游等一线人员。人工和自然力虽然可以满足少数游客的个性化需求，但不可能适应大众旅游时代的规模化生产和标准化作业。以1999年"国庆黄金周"为标志，解决了温饱问题的城乡居民开始取代外国人和港澳台同胞成为旅游消费的主体。因为没有语言、文化、支付等方面的差异，也没有签证的障碍，国民旅游一开始就以规模化、自由行、碎片化的姿态登上了历史舞台。

每年数十亿的游客规模和碎片化的消费需求，仅靠数千万旅游从业人员（哪怕是再有经验的劳动者的自然力），也是无法适应市场变迁和产业升级的双重压力的。对于牌照经济体系中的旅行社和分等定级导向的星级酒店而言，原有的商业模式和运营机制已经成为潜意识了。就像电影《肖申克的救赎》所隐喻的那样，监狱的高墙一开始如此可憎，因为它限制人的自由。可是在里面待久了，也就适应了，在人身得到社会意义的自由时，反而不知所措。体制和环境也是如此，经过半个世纪的团队运作和手工操作，传统旅行社不再有能力捕获大众旅游时代的市场机遇。携程、去哪儿为什么能行？因为它们聚焦于分散化的商务散客出行，从800电话呼叫中心，到个人电脑终端，到手持移动终端，再到大数据分析，现代科技在旅游服务诸环节与时俱进的泛在化应用，生动诠释了庞巴维克的《资本实证论》中"用机器生产机器"的经济学原理。如果没有大众旅游的时代需求，没有移动通信和大数据技术的时代革新，就算梁建章博士和庄辰超先生有再多的个人才情，加

上后天的努力，也不可能有今天最大的在线旅行服务商的市场地位。从这个意义上说，没有携程、去哪儿的时代，只有时代的携程、去哪儿。

科技让大多数人得以尽享平等的旅游权利，以及快速、便捷而自由的服务。在计算力替代自然力的过程中，可能伴随着精英阶层眼中的旅游服务的标准化和旅游体验的世俗化。在多数人通过自然力服务于少数人的个性化享受，与全体人民通过计算力实现多数人的标准化服务之间，我宁愿选择后者。乾隆的下江南、徐霞客的游记、李白的壮游、沈复的《浮生六记》之所以为世人所传诵，为后人所追忆，是因为生活在那些年代的绝大多数人都在方圆百里的范围里终其一生。那些留在文字里的美丽风景和美好生活，虽然照亮了日常生活的无常，终究是与他们无缘的。究其原因，还是经济问题：远行的成本太高了。从这个意义上讲，飞机、火车、高速公路、互联网、人工智能等交通和通信领域的技术创新，让大众拥有在这块土地上自由行走的自由，这无疑是巨大的历史进步。过去10年，我们高举大众旅游的旗帜，坚定不移地走智慧旅游的道路，就是对人民的礼赞，对现代化的追求。为了这个目标，现阶段的旅游发展可以付出特定时空拥堵所导致的个人体验感下降的代价。

二、当代旅游者要美丽风景，更要美好生活。当且仅当科技与旅游空间、消费场景相连接，才具有产业意义，才能推动经济增长和社会进步。

前些年热炒的 VR、AR 概念，为什么只停留在一些展览会上的演示项目中，而没有产生现象级产品和独角兽企业？从短期的商业因素看，是没有应用场景的；从中长期市场环境看，是没有稳定的增量需求支撑的。人们在家里戴上模样奇怪的眼镜，或许可以对着屏幕做一些看上去傻傻的虚拟仿真动作，但是到了目的地和特定的消费场景，是不可能也没有必要做出这些动作

的。在可穿戴设备微型化和内植化之前，增强现实、机器学习具有科技创新意义，也具有公司形象展示意义。如同希尔顿酒店集团在 20 世纪就发布了月球酒店的概念设计图，但是在科技进步到人类能够以今天的机票价格那样低门槛、大规模地往来月球之前，也只会停留在概念导入阶段。类似的科技还有马斯克的星链（Satellite network）、星舰（Starship，SN5）和龙飞船（Dragon）勾画的火星移民和星际旅行的未来场景，我想在 50 年、100 年以后这些场景可能会成为旅游新空间。至于怎样让科幻成为现实，那是科学家和工程师的事情，旅游学者或许可以将其作为讨论的话题，但对绝大多数旅行服务商、旅游住宿运营商、旅游景区和休闲娱乐机构而言，在未来到来之前，还是重点关注那些可以形成消费场景的科技为宜。在这方面，我们有责任告诉旅游业界如何理性地接触现代科技，既不要视而不见，也不要盲目跟风。

今天，通过智能手机收集信息、处理公务和社会交往已经成为日常生活的常态，航空飞行提供 WiFi 就是在满足刚性需求，或者说营造消费场景。但是提供语音通话功能则可能只有技术创新的意义，而不见得受航空公司和旅客的欢迎。因为机舱是一个狭窄且密闭的空间，接打电话会极大地干扰其他人的休息、阅读和进餐，一旦这个场景被营造出来，对旅游者的服务感知可能会造成负面影响。相对而言，机器人送餐服务倒是不会产生负面影响的，问题是游客能在多大程度上接受它。类似的问题也包括智能语音导览和远程自动控制酒店的灯光、温度和湿度，人们外出旅游就那么需要把每一件事、每一个环节都安排得分秒不差吗？这里既有服务商和游客共同面对的"成本—收益"计算问题，也有潜在市场的厚度和消费心理问题。很多时候，游客不需要服务者以上帝视角打量自己，像显露在 X 光机、CT 扫描仪

面前的病人那样。事实上，未来的不可预期正是人之所以为人的内在规定，游客越来越倾向于向"科学的傲慢说不"，并坦然接受这个世界和现实生活的不完美。

两年前，在考察广东茂名的水东湾陆海空 5G 全景应用场景实验区时，笔者同当地领导、技术和运营团队讲：好的景区、度假区一定要让游客看见风景之上的美好生活，在致敬传统文化传承的同时，要有面向未来的内容创造和场景营造。随着 90 后、00 后开始成为旅游消费的主力人群，目的地营销机构和旅游业界不能一味地说过去，还要让他们看到未来的无限可能。这就需要吸引新时代的旅游者走进科技馆去感受科学，走到旷野中去眺望遥远的星空，促使人们在旅游的过程中去思考那些看上去没有直接功用却能够影响人类文明演化的问题。现在看来，旅游业界还没有就此达成共识。发展旅游，就是钻山找洞，查历史找名人背书；项目开发，就是古城古镇、玻璃栈桥、不倒翁小姐姐，就是网红打卡地、"爆款产品"；政府重视，就是高层做指示、高规格发文件、层层开旅游发展大会。政产学研各界都想走捷径而不是行稳致远，以为靠一两个蹭热点的文案，打擦边球的营销套路，签几个大项目的意向书，就可以把旅游发展起来。以"政府智库、业界智囊、理论高地"为使命的中国旅游研究院，一直在向各地政府和旅游业界公开宣传新的主张：人山人海吃红利，圈山圈水收门票的时代已经过去。在大众旅游的旗帜下，在智慧旅游的道路上，文化、艺术、科技既是传统旅游业转型升级的赋能者，也是现代旅游创新发展的引领者。从区域旅游发展和目的地竞争的角度而言，那些以科技、文化、艺术、教育、体育等新动能满足当代旅游需求的城市和乡村，才是异国他乡的旅游者纷至沓来之地，流连忘返之所。

三、消费是理解旅游经济的钥匙。旅游业要从需求出发，重点关注那些

互联网与旅游营销 第一章

正在或将进入市场导入期的科技，而不是科学发现和工程技术的原始创新。

近代旅游业自诞生以来，旅行社就倾向于在一个封闭的世界里以团队包价的形式为旅游者提供专业服务。之所以说是封闭的世界，是因为旅游者从目的地信息的获取、旅行证件的准备，到往返航空、铁路和长途巴士的预订；从中转接驳，到车站港口的接送；从酒店入驻、观光游览，到餐饮、购物和娱乐，都是通过旅行社和导游人员安排的。在此过程中，旅游者几乎没有机会与酒店、餐馆和商店之外的人员进行交流和互动。与城市公园、商业街区、戏剧场、电影院、图书馆、体育场、文化中心等目的地的休闲空间和日常生活场景几乎是隔离的，好像有一个无形的玻璃罩把游客与目的地分开了。随着人们旅游经验的成熟，地铁、博物馆、公园、街区与商业综合体、物联网等城市基础设施、公共服务和商业环境的完善，特别是共享汽车、共享单车、共享住宿、机器翻译等商业服务和业态的创新，游客得以无障碍地进入异国他乡的公共休闲空间，像本地人那样生活。在以新基建为代表的科技力量的作用下，横亘在游客与居民之间的无形之墙消失了。从商业街区到景区度假区，从戏剧场到菜市场，我们无法区分谁是本地居民，谁是游客。就像我们没有必要区分哪些是旅游资源，哪些是生活场景那样。一切为了市民生活而准备的空间、项目和设施，都可能成为面向游客的空间、项目和设施；一切游客在旅游目的地所需要的生活必需品和精神享受，都可以得到满足。如果没有现代科技的支撑，游客共享美好生活新空间就很难由理论构想转化成产业现实。

以数字化为代表的现代科技正在深刻改变人们的生产方式、生活方式和旅游方式，并从根本上改变游客在旅游目的地信息收集、出行决策、组织方式、消费行为、目的地形象传播和满意度评价的方式。交通基础设施的完

019

善、科技进步和文化变迁，让人们的旅游需求越来越趋于个性化和碎片化。以移动互联网和大数据为代表的科技应用，将人们在空间移动过程中的文化休闲、旅游体验的碎片化需求，与戏剧场到菜市场的分散化供给做了即时有效的链接。为了适应人民在大众旅游新阶段，或者说小康旅游时代对美丽风景和美好生活的新期待，政府旅游行政主管部门和企事业单位早在十年前就提出了智慧旅游的建设思路。5G、大数据、人工智能、物联网等新技术的应用和数字化科技企业的进入，进一步增强了旅游产业创新发展的动能。更多的目的地规划、建设和运营机构，更多的市场主体将科技创新成果转化为游客可触可感的项目、产品和服务，有效提升了游客满意度和产业竞争力，带动了旅游从传统的生活服务业升级为现代服务业。

为什么我们会关注科大讯飞的机器翻译技术，谷歌、百度、高德、腾讯、精彩旅图等地图技术，苹果、阿里、微信等支付技术，以及无人驾驶飞机、无人驾驶汽车？因为高速增长的出境旅游市场及其散客化趋势，使得游客独立面对的非母语沟通的消费场景日渐增多，导致旅行过程的地理信息搜索、非母语交流和非本币支付的需求变得越来越刚性。从需求变迁和市场演进的角度出发，无人驾驶汽车可能是下一个"旅游+科技"的技术风口，这是高速增长的自驾出行和高门槛的国际驾照资格所决定的。基于 5G 通信、智能手机和大数据的即时翻译技术，基于微穿戴甚至无穿戴设备的增强现实技术，面向沉浸式/行浸式旅游演艺的光影技术，可能很快就会进入市场培育期和投资增长期。从这个意义上讲，我更愿意看到地方获得中关村科技园区、数字化产业示范区、北斗导航商业应用试验区这样的牌子，而不是星级酒店、旅游景区与度假区、旅游村镇等传统旅游空间的牌子。这么说并不意味着传统的旅游空间不重要了，而是因为前者更能够代表旅游业发展

的未来。

也许有人会说，太赫兹、北斗、天眼、蛟龙深潜、高超音速火箭等技术更炫，也更值得关注。我们不否认这些属于高精尖科技，甚至是形塑未来的国家战略，但是这些短期内不可能是文化事业、文化产业和旅游业关注的，并投资跟进的科技。道理很简单，这些需求既定——主要是国家竞争所决定的战略需求，不需要考虑成本，也不会很快被民用和商化的技术，是旅游业高质量发展的底层器件，也可以说是旅游产业未来发展的决定因素，而不是现实的影响因素。用我们熟悉的语言来说，这些高新技术是旅游产业转型升级的自变量，作为因变量的旅游业要考虑的是如何适应它、应用它。作为旅游研究和理论建设的国家队，我们要在重点实验室的平台上保持对科技前沿的关注，像预警飞机和相控阵雷达那样为旅游产业探索可能的商业机会，发现可能的市场风险，进而引领旅游业高质量发展的方向。无论是商业机会，还是市场风险，我们都给决策机构和战略单元以具体的方位坐标：距离多远？多长时间会到来？成为现实的概率有多大？怎样才能最大限度地捕捉机会和规避风险？等等。如果没有这些信息，就对外发布我们的成果，如同气象部门说"明天会下雨"，地震部门说"明年有地震"那样让人无所适从。我无法确切地知道明天下午三点我要出门去天津办事的时候，会不会下雨，下多大的雨，更无法确切地了解我所在的城市哪一天发生什么等级的地震，让我怎么应对？我们不能因为几千亿年以后地球和太阳系可能会消失，就现在都不活了吧？经济学家凯恩斯说，"从长期来看，我们都死了"，就是这个道理。我们需要告诉业界如何做出清晰判断，并能够加以利用数据、信息和观点才行。

四、面对科技对旅游业的不可逆转的泛在化改造进程，地方政府，特别

是基层旅游管理部门要加强与科技企业、教育机构和专业智库的合作，有效推进数字化转型、科技成果转化和专业人才培养工作。

中国旅游研究院（文化和旅游部数据中心）不可能，也没有必要去做科技领域那些原始创新的基础工作，而只能在旅游领域，以及文化和旅游融合的交叉领域的应用层面上下最大的功夫。需要说明的是，不能因此导出旅游研究、教育和行政部门只能做科技进步的附属物的结论，我们的优势在于对旅游需求、市场和产业系统的了解和深入的理解。科技要素只有和市场需求、产业进步相结合，才能发挥最大价值，两者相辅相成，互促互进，共同成长。理解"科技+旅游"的产业内涵和商业价值，才可能在科学理论的指导下做出有意义的实践探索。搞学术研究和理论建设的同志，容易有一种鄙视链，似乎搞应用的不如搞技术的，搞技术的不如搞科学的，搞科学的不如搞纯粹理论的。现在这股风气似乎有向实践一线蔓延的倾向，哪怕建个旅游数据中心也要找顶级的科研院所从原始研发和底层器件做起，实验室越来越昂贵，屏幕清晰度越来越高，多元异构数据越来越复杂，报告里的技术名词越来越复杂，似乎不如此不足以显示项目的科技含量。完全没有必要嘛！都是为了人民幸福和国家富强而工作的，哪里有什么高低贵贱？！陈景润解出哥德巴赫猜想，"两弹一星"功勋科学家造出了国之重器，"杂交水稻之父"袁隆平让饭碗端在中国人自己的手中，乌兰牧骑丰富了草原深处的文化生活，还有受到周恩来总理接见的掏粪工人时传祥、百货大楼售货员张秉贵，都是人民英雄、国家功勋和时代楷模，他们的名字都会被历史铭记。如果经过我们的努力，把实验室的科学发现、技术创新与旅游产业进步有机结合起来，让更多人在旅行过程中尽享科技进步的乐趣，就是在为人民谋福祉，为建设现代文化产业体系、现代旅游业体系做贡献。

我们愿意与地方政府加强合作，做旅游市场需求变化的监测者和创新需求的发现者。在一个高度分工的社会里，做科学研究和实验室研发的团队可能没有足够的时间和精力去了解旅游市场的需求，尤其是那些可以承载科技创新成果商业化应用的消费需求及其商业实现路径。地方旅游部门的同志长期接触旅游市场的第一手信息，要与专业研究机构和企业研发团队多交流、多合作，做科技创新的观察者和业态创新的促进者。熟悉市场的企业家和经营管理团队，并不是每个人都能够理解科学的价值和技术的作用。在人类知识生产的早期阶段，学科之间并没有泾渭分明的边界。事实上，人类社会三次社会大分工并不是太久远的历史。不要人为地画地为牢，把旅游视为某个学科的领域，更不能把学理和技术弄得泾渭分明。高层次的研究机构和高水平的研究团队要多做些科普工作，像盗火的普罗米修斯那样，以智慧指引产业前行的方向。基层和一线的同志也要多关注科学研究和数据生产，结合人才建设推进旅游业的高质量发展。

抓好"互联网+旅游"文件的落实和智慧旅游的升级，必须从大众旅游的基本国情出发，一切创新都要落实到满足消费、便利消费、激发消费、创造消费上来。改革开放四十多年来，中国已经从旅游资源大国发展成为旅游大国，旅游已经进入国民大众的日常生活，国民消费已经成为旅游经济运行的基础支撑。2019 年，国内旅游市场达到 60 亿人次，出境旅游市场达到 1.55 亿人次，旅游总收入超过 6 万亿元。从总量上看，这些都是了不起的成就。未来五年，中国将形成一个百亿旅游人次和十万亿元消费的国内旅游超级大市场，保持对国民经济和社会就业 10% 以上的综合贡献率。在此进程中，互联网企业持续加强与旅游景区等实体机构的合作，用科技为传统企业赋能。广大游客的满意度和获得感得到提升，实体企业的市场创新和商业活力得以

增强，才能进一步促进旅游消费扩容和旅游产业升级。

从供给侧来看，"互联网+旅游"要充分发挥市场机制在资源配置中的决定作用，充分发挥市场主体在智慧旅游建设中的积极性、主动性和创造性。如果成千上万的旅行社、线上旅行服务商、星级酒店、社会旅馆、民宿、景区、主题公园、旅游购物、交通车船等旅游企业没有加入这一进程中来，没有实现数字化转型和产业竞争力的提升，政府的规划目标和工作任务就可能落空。当然，建设智慧旅游新方略，推进旅游业高质量发展，也离不开政府的有效作为，既要优化营商环境，加大产业创新的促进力度，也要及时回应社会关切，务实推进包容审慎式监管。行业监管不能仅仅满足于做大平台、大屏幕等硬件投入，更要聚焦于欺诈消费、强迫消费、不合理低价、滥用市场垄断权利等不诚信经营，以及有悖公序良俗的不文明旅游，借助互联网和大数据，坚持依法治旅、依法兴旅，不断提升旅游治理体系和治理能力的现代化水平。①

---

① 资料来源：中国旅游研究院网站，作者：戴斌。

第二章

国内外互联网旅游营销研究现状

 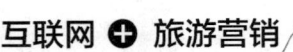

第一节　国内互联网旅游营销研究

1. 国内自媒体研究

进入 21 世纪，旅游业和自媒体在国人的日常生活中扮演着越来越重要的角色。与传统媒介相比，自媒体具有平民化、门槛低、成本低、交互性强、传播多样化等特点。在这个多样化的时代，信息渠道非常丰富，也给人们提供了更多的选择。随着互联网的飞速发展，各种自媒体如抖音、微博、微信的出现改变了人们的传统生活方式。人们通过互联网自媒体平台互相交流，相互连接在一起，构成了一种新的社会组成形式——网络社区。例如，我们常用的微信平台，使用者通过该平台可以构建自己的朋友圈，也可以只关注自己感兴趣的公众号，同时使用者又有相对自由的支配权，可以有选择地展示自己，也可以选择自己喜欢的功能。

2011 年 1 月 21 日，作为一款新的即时通信工具，微信由腾讯公司正式推出，并迅速席卷了新媒体社交市场。中国互联网信息中心（CNNIC）2022 年 2 月发布的第 49 次《中国互联网络发展状况统计报告》数据显示，截至 2021 年 12 月，我国网民规模达 10.32 亿人，较 2020 年 12 月增长 4 296 万人，互联网普及率达 73.0%。中国网民的规模每年都在稳定增长，呈现出成熟稳定的发展趋势。2011 年年底，微信用户超过 5 000 万人，2012 年 3 月，

微信用户破亿人。腾讯最新财报数据显示，截至2021年第三季度末，微信的月活跃用户数提升至12.63亿人，用户已覆盖200多个国度，使用超过20种语言沟通和交流。另外，截至2020年，各类微信公众账号总数已经超过162万人，移动应用对接数目超过85 000个，微信支付用户则已经超过4亿人。

随着人们生活水平的提高，旅游逐渐成为人们生活中的一个重要组成部分，人们通过旅游增长见识、度假休闲、放松娱乐，旅游业自媒体也逐渐进入公众视野。现在，越来越多的人通过各类自媒体平台获取旅游的相关资讯，旅游企业和经营者也积极通过自媒体进行营销宣传。随着网络的发展和自媒体的出现，学者们开始对相关领域进行研究，国内关于旅游业自媒体的研究主要集中在2000年前后。相比国外，国内自媒体研究起步较晚，研究内容也偏少。下面对国内自媒体的相关研究情况进行集中梳理，并结合国内外研究现状进行简评。

2003年7月，美国新闻学会媒体中心出版了弗吉尼亚媒体中心研究员谢因·鲍曼（Shayne Bowman）和克里斯·威理斯（Chris Willis）的研究报告，他们首次联合提出了自媒体（We Media）的严谨定义："自媒体是普通大众经由数字科技强化，与全球知识体系相连之后，开始理解普通大众如何提供与分享他们的新闻的一种途径。"简言之，自媒体就是普通大众用以发布自己所见、所闻、所感的媒体载体。国内方面，王冰阐释了博客的实质及核心意义，具体论述了媒介形态演变到自媒体阶段的动因。这也意味着我国学术界开始了对自媒体的关注。在CNKI中国学术期刊全文数据库的"主题"搜索框输入关键词：自媒体，一共出现了约2.96万条文献记录，从2003年的1篇，2005年的2篇，到2006年出现较大幅度的增长（相关的研究文献达16篇），特别是2018年，相关的研究文献数量达到峰值4 395篇，说明有

关自媒体的研究呈现出井喷式的增长。这也说明关于自媒体的研究在近年来受到了研究者的青睐。大量研究成果不断涌现，当然与自媒体的快速发展紧密相关。

从 CNKI 中发表的文献来看，国内关于自媒体的研究主要集中在以博客、微博、微信、抖音等自媒体形式的传播，自媒体传播理论和机制研究，自媒体对主流媒体的冲击，自媒体的应用前景、舆论监管、商业应用与文化教育等方面。自媒体营销方面的研究主要集中在社区、微博、博客等自媒体形式，包括自媒体营销影响力、传播要素、受众分析及自媒体的营销特点等方面。2007 年李听阳对网络社区进行了研究，并提出如何利用社区自媒体进行口碑营销。侯先荣等认为自媒体以受众和消费者为基础，企业应充分考虑个人体验，对营销模式进行创新。

2. 国内旅游业自媒体研究

2022 年 6 月，文化和旅游部正式发布《中华人民共和国文化和旅游部 2021 年文化和旅游发展统计公报》（以下简称《公报》）。《公报》显示，截至 2021 年末，纳入统计范围的全国各类文化和旅游单位 32.46 万个，比上年末减少 1.7 万个；从业人员 484.41 万人，比上年末减少 11.89 万人。2021 年国内旅游总人次 32.46 亿，同比增长 12.8%；国内旅游收入（旅游总消费）2.92 万亿元，同比增长 31.0%。文物机构 10 545 个，比上年末减少 769 个；全年接待观众 84 590.57 万人次，比上年增长 37.3%。2021 年，全国文化和旅游事业费 1 132.88 亿元，比上年增加 44.62 亿元，增长 4.1%；全国人均文化和旅游事业费 80.20 元，比上年增加 3.12 元，增长 4.0%。国外很多学者也对中

国自媒体进行过分析和研究。例如，帕斯特针对微博系统的特点、方法等内容进行了细致的研究；姜荷西则在对推特的社会连接属性进行分析后发现，微博用户更喜欢群体联系，对于兴趣相投的人是如何相互联系的问题进行了深入探讨。中国的微博、微信起步比较晚，相应的研究开展得也较晚，然而，随着近年来新媒体的发展，相应的研究也在逐渐增加。2015年喻围明专著《微博：一种新传播形态的考察影响力模型和社会性应用》是教育部哲学社会科学研究重大课题攻关项目"新媒体环境下的危机传播及舆论引导"的研究成果之一，得到了新浪微博的认可。其透过文献分析方法和嵌套性理论，从理论到实践对微博进行了详细梳理，是目前关于微博的学术研究中比较有影响力的一种学说。学术论文方面，微博微信营销方面的论文从最开始多是综述性的文章，到后来出现一些模型建立及案例分析的文章，呈现多样化的发展趋势。

但是从整体来看，目前关于微信、微博等自媒体的研究成果还比较少。虽然已经有一些学者开始对微信品牌传播营销进行研究，但研究体量并不大。针对微信、微博与在线旅游业结合的营销研究成果不多，主要集中在旅游业的整体营销方面。

在社交媒体时代，与其说"互联网+营销"，不如说"互联网+人"，因为每一个人都是被影响的对象。在人人都有麦克风的社交媒体时代，"互联网+人"讨论的不再是互联网营销渠道的问题，而是形成自我循环、自我造血系统。在该系统里，媒体、大众、旅游工作者形成共同体，相互连接和良性互动，以此激发和创造价值。所以，旅游业和自媒体的结合，将会产生何种协同效应，是一个非常值得探讨的问题。

这场网络时代变革不仅给信息的传播模式带来深刻的影响，也给旅游营

销带来了巨大的机遇。特别是对于新兴旅游市场，如何巧借自媒体传播的风，突破营销困境，具有极其重要的现实意义。把自媒体和旅游业放在一起，它们之间会出现哪些契合点，发生什么样的化学反应，会不会产生新的旅游增长点，这些都是研究者关注的焦点问题。

在旅游目的地的宣传过程中，旅游机构发布官方消息，受众自发进行 N 次传播，不断激发人们对目的地的探索兴趣，与此同时引发互联网的营销创意和点子，其营销的核心是真正以用户为中心展开的各种创意推介，从经营旅游资源转变为经营自媒体用户，这是新媒体的精髓所在。例如，故宫博物院在 2013 年 9 月推出的微信公众号"故宫淘宝"上线后在朋友圈爆红，那些文章和图片颠覆了故宫以往的固有形象。虽然每篇文章都是广告，但是浏览量大、受欢迎程度高。为了推荐一款古瓷的杯子，其官微号推出文章《它比四爷还老》，获得《人民日报》的转载及读者朋友圈的疯传，取得了非常好的传播效果，阅读量快速突破 10 万。故宫屡屡被推上热搜，也由远及近慢慢地走入年轻人的心中。又如，山东省旅游局曾开展全球招募"微博运营官"为山东代言的微博活动，由山东省旅游局承办。这个活动短时间内转评过万，阅读量过百万，在微博上产生了惊人的影响力和传播力，之所以取得如此惊人的成绩，与活动的新颖创意有关。

在 CNKI 中国学术期刊全文数据库中，把关键词设为"旅游业"进行搜索，截至 2022 年 7 月，一共有约 14.07 万条文献记录。21 世纪以来，旅游业作为新兴产业，相关研究呈现出不断增长的态势。1998 年的文献记录已经达到 1 145 条，而 2010 年的研究文章高达 9 200 余篇。再以"旅游自媒体"为关键词进行搜索，仅有 166 条文献记录，说明有关两者结合的研究还不多。从 2010 年的 1 篇到 2021 年的 24 篇，2018 年达到峰值，也只有 30 篇文章。

以上数据说明，旅游自媒体的研究并未引起学者的足够关注和重视，研究成果呈现缓慢增长、增幅不大的趋势，而研究内容主要集中在旅游景区自媒体营销策略，自媒体的优势研究，自媒体营销策略的重要性研究，针对某个省/市/区（县）旅游景区的自媒体营销策略研究，对新兴旅游目的地的研究，营销策略研究，景区自媒体营销 SWOT 分析等方面。

在旅游景区营销研究方面，2009 年文彤依托网络社区提出了 P2P（Person to Person）的旅游营销模式，并总结了其特点和优势。2010 年高婷论述了网络自媒体对旅游业的影响，同时结合旅游消费者的行为来分析自媒体在旅游领域中的作用。2013 年唐书转分析了自媒体和旅游景区的内在关联，指出旅游景区自媒体营销更加主动、直接、互动性强，能够增强旅游景区营销效果。2014 年周学军运用绩效分析模型对影响游客旅游体验的 19 项感知项目进行了评价和讨论。目前旅游景区自媒体营销已经遍布社交网站、博客、微博及微信等自媒体平台。2020 年李捷等分析了短视频在旅游景区营销中的优势及传播机制，以山西平遥古城景区为例，在分析景区短视频营销现状的基础上，提出了该景区的优化营销策略。2022 年陶拓抒等基于旅游景区和当前新媒体的特点，运用文献分析法，针对旅游景区营销现状提出了融合新媒体营销特点的创新模式，以此打造新的营销模式来保持景区的持续关注度，实现景区的经营目标。综上所述，旅游景区自媒体营销研究的主要领域是景区博客、社交及微博营销，实际上旅游景区在微信公众号中实现的信息互动和分享行为就体现了自媒体的根本属性——分享互动。

目前关于旅游景区微信营销方面的相关研究成果仍偏少，2014 年郭益盈等分析了微信在城市旅游中凸显出的优势，指出如何利用微信做好城市旅游营销的方式。孙凯炜等从微信营销视角探讨旅游景区面向游客、面向旅游景区管理部门两方面的服务创新。古广胜等认为，梅州旅游业在加强建立系统的微信平台的同时，迫切需要宣传和推广微信平台，应利用整合营销推动平台建设，利用事件营销加大微信营销力度等，从而全面推动梅州旅游业的发展。雷锦锦基于"互联网+"大数据的时代背景，针对眉山旅游景区微信营销现状与存在的问题，对其营销策略进行了探讨。陈林娜以河南省焦作市云台山景区为例，对景区微信营销内容进行分析，整理出影响游客感知的四方面影响因素。

第二节 国外互联网旅游营销研究

随着自媒体的迅速普及，国外学者对自媒体在旅游业的使用进行了大量研究。与传统的宣传方式不同，旅游业也越来越多地使用自媒体进行宣传和营销。国外关于自媒体的研究热点大多集中在媒体视域下的自媒体信息应用、自媒体与博客、自媒体与新闻传播等方面。相比传统的市场研究，2008年 Wenger 认为自媒体的优势在于能更真实地反映游客观点和态度。Chan（2011）通过对中国香港地区酒店行业在社交媒体使用方面的研究，发现 Twitter 和 Facebook（现更名为 Meta）是广泛使用的两个平台，主要用以对产品和服务进行降价促销、回答消费者提问和处理投诉问题等，有时也会用以生成顾客参与、获取商业情报等领域。Chan 认为在目前的自媒体平台中，Twitter 和 Facebook（现更名为 Meta）很受欢迎，应当受到重视。由于巨大

的信息量和实时信息的快速变化性，增加了研究工作的难度，"观点挖掘"和"情感分析"尚处在初级发展阶段，但却是目前解决上述问题的有力工具。

　　旅游产品的宣传和营销方包括旅游目的地营销、酒店营销、餐厅服务营销等。国外学者通过研究自媒体在这些企业和机构中的使用现状来比较不同媒体平台的使用和效果，自媒体能为营销管理研究提供有用的价值信息。Laboy，Torchio 等主要从顾客分析、顾客获取、顾客参与、品牌意识、品牌强化、声誉管理和顾客服务多维度进行分析；Gascon 等研究了旅游公司使用社交媒体吸引游客来西班牙旅游的情况，发现 Facebook（现改名为 Meta）、Twitter、Instagram 和 Foursquare 的年轻用户群体最大，而在 Google、tripadvisor 和 Booking 的使用上则基本无年龄、性别等差异。Satyriasis 从旅游供应商的角度来分析 Twitter 的潜在贡献，研究旅游目的地和企业如何利用 Twitter 作为互动交流和建设性的途径，如何获取客户反馈。因此，在众多的自媒体中，要想实现大量和频繁的访问，需要有足够的吸引力。自媒体的内容要有趣、有娱乐性、提供有用的信息和社交网络机会，需要日常维护、更新内容。Heikinheimo 等通过芬兰著名的国家公园的社交媒体数据，分析游客活动和偏好，掌握顾客分享内容的时间模式和游客移动模式的信息。Usakli 等通过对欧洲四大社交平台数据进行分析，从 7 个维度：内容、主题、信息类型、参与、互动、促销和顾客服务研究欧洲如何使用社交媒体来对其旅游目的地进行宣传和营销，发现土耳其、芬兰、爱尔兰、荷兰和西班牙的顾客参与度较低，而法国、塞浦路斯、俄罗斯、卢森堡和挪威的顾客互动率较高。研究还发现目前欧洲并未充分利用社交媒体平台，仅将社交媒体加入传统的营销工具中，而不是通过开发其顾客服务工具的价值来解决潜在的顾客问题。

第三节 国内外研究述评

对研究国内外自媒体和旅游自媒体的文献进行仔细的梳理，厘清主要的研究内容和理论方法，获取关于旅游自媒体研究的最新动态，充分了解该领域的发展情况和实践案例，对于进一步认识自媒体和旅游自媒体有着重要的意义。另外，针对国内外不同的市场发展情况和旅游自媒体的发展历程，可以在对比中得到启示，有利于指导实践中的营销和管理，实现旅游自媒体的效用最大化，进一步推动旅游自媒体的发展。

"大数据"与"旅游营销"的结合可以追溯到十多年前。美国计算机专家奥伦·埃齐奥尼从旅游网站搜集了 12 000 个样本，开发出一个名为"哈姆雷特"的预测系统。在当时，并没有人能够提出"大数据"这一概念，但埃齐奥尼所设计的预测系统就是"大数据应用"的缩影。后来，随着技术的进步，通过该系统不但可以方便地预订机票，而且其应用范围还扩大到了宾馆和酒店预定领域，成为当时使用大数据进行旅游目的地营销的典型，并为后来学者研究大数据与旅游营销提供了真实的案例。

自媒体是为众多旅游服务提供方便的营销工具。在大数据与旅游营销研究方面，国外学者对于自媒体在旅游业的使用进行了大量研究，主要集中在研究自媒体对旅游业的影响，比较不同媒体平台的使用情况等方面，集中体现在具体实践上，而学术上的研究文献较少。国内学者主要研究自媒体在这

些企业和机构中的使用现状，比较不同媒体平台的使用和效果。国内关于自媒体的研究主要集中在博客、微博、微信、抖音、小红书等自媒体形式的传播及自媒体的应用前景等方面。针对自媒体营销方面的研究主要集中论述了自媒体营销影响力、受众传播特点及自媒体的营销特点等内容。

国内的研究主要体现在提升景区管理和促进智慧旅游发展两方面。一方面是通过构建景区大数据平台，将景区产品信息、旅游资源信息和客流实时推送到旅游者手中，对游客游览行为进行指导，从而提升景区管理水平；另一方面是利用大数据技术加快智慧管理平台的建设，为智慧旅游发展提供支持。但目前对两方面的研究都只是从理论上进行探讨，并没有结合实际案例展开分析，也没有对大数据信息技术服务平台的搭建进行深层次的说明。

综观国内外的研究文献，主要集中在互联网变革引起的旅游营销变革之上，互联网迅猛发展的背景带来的优势和挑战，以及适应或利用大数据指挥旅游营销活动应注意事项的建议等方面。虽然我国学者提出了旅游营销创新模式，但还存在不足。第一，定量分析的文献少，定量分析和定性分析相结合的文献也较少。研究方法仅建立在游客行为分析的基础之上，没有结合市场营销、旅游企业营销等理论做出具体说明和介绍，针对旅游自媒体的定性研究偏多，不利于人们全面深入地认识旅游的方方面面，还需要进一步加强对旅游自媒体的定量和混合研究。第二，研究的内容不够全面。旅游和自媒体两者结合在一起的研究不多，说明旅游自媒体的研究并没有引起学者足够的关注和重视，研究成果也呈现出缓慢增长的趋势。但这是一个比较新的领域，值得研究者更多地关注。第三，在大数据背景下的旅游精准营销研究方面，虽然已经有学者对其进行研究，但并没有对大数据如何引领旅游业进入营销精准化做出明确的说明，同时缺乏理论和相关实际案例及具体实施流程的分析。因此，本书从互联网+大旅游的视角出发，结合旅游营销理论分析互联网背景下的旅游营销的创新与变革，结合大数据背景下旅游营销要素创新的角度，探索出一种互联网背景下旅游营销的新模式，为读者解读大数据给旅游业带来的精准化营销的实施方法，具有一定的先导性和创新性。

第三章

旅游目标市场

第一节 旅游目标市场细分

1. 旅游目标市场细分的定义

市场细分（Marketing Segmentation）的概念是 20 世纪 50 年代中期由美国市场学家温德尔·史密斯提出的。所谓市场细分，是指根据整体市场上顾客需求的差异性，将一个整体市场划分为两个或两个以上的顾客群体，每一个具有相似需求特点的顾客群体就称为细分市场（子市场）。同一细分市场的顾客群体拥有相似的需求，不同细分市场的顾客群体需求具有较大的差异性。

旅游目标市场细分是指根据旅游产品购买者不同的购买需要和欲望，对旅游者群体进行划分，以便于有针对性地制定和调整旅游市场营销组合的策略。旅游目标市场细分有利于识别和发掘新的旅游市场，开发新的旅游产品，开拓旅游的新目的地，也有利于有针对性地优化资源配置，取得更好的经济效益。

2. 旅游目标市场细分的作用

（1）有利于旅游企业发现新的市场机会。旅游企业通过市场调查和市场细分，能够深入了解各个细分市场，包括旅游客户消费偏好、市场需求满足程度、竞争对手情况等，因此可以发现那些尚未被满足或满足程度较低的市场，结合自身的资源优势制定营销策略，迅速出击，抢占市场。市场细分对于那些实力较弱、缺乏知名度的中小企业来说尤其有利，能够借此拾遗补阙，发现市场空白，避免与强劲的竞争对手"硬碰硬"。

（2）有利于提高企业竞争力。市场细分能够使旅游企业集中自身的资源优势于某一个或几个细分市场，避免力量分散，扬长避短，有针对性地制定适合某一客户群的营销策略，这样不仅能够降低企业成本，而且还能够提高客户忠诚度和企业竞争力。

（3）有利于满足不断变化的、千差万别的社会消费的需要。如果社会上的众多旅游企业奉行市场细分策略，消费者尚未被满足的需要就会成为企业营销的目标，新的产品会不断出现，整个社会的消费需求也会得到满足。

3. 旅游消费者市场细分标准

旅游企业一般会运用相关的细分变量来对旅游消费者的需求进行市场细分。旅游消费者市场的细分标准主要包括地理细分、人口细分、心理细分和行为细分，如表 3-1 所示。

表 3-1 细分市场的标准

细分标准	具体细分变量
地理	地区、气候、地形、资源分布、人口密集程度
人口	性别、年龄、收入、职业、教育程度、家庭生命周期、社会阶层
心理	生活方式、个性
行为	时机、使用者、忠诚度等

（1）地理细分。地理细分是指按照旅游消费者所在地理位置、环境条件来细分消费者市场的方法。例如，按照地区、气候、地形、资源分布、人口密集程度来细分市场。地理细分之所以成为市场细分的变量，是因为处于不同地域的旅游消费者对旅游产品有不同的需要和偏好。对旅游企业和政府部门所采取的营销战略，以及企业的产品价格、营销手段、广告宣传等措施有不同的反应。

（2）人口细分。人口细分是指按照人口统计学变量，如性别、年龄、收入、职业、教育程度、家庭生命周期、社会阶层等来细分市场的方法。人口变量一直是细分消费者市场的重要参数，因为消费者的欲望、偏好和购买能力与人口变量有着直接的因果关系，而且人口变量比其他变量更易于统计分析。

① 性别。男性和女性对同一类别的产品有着不同的消费偏好和旅游产品需求。

② 年龄。不同年龄的消费者有不同的需求特点，对产品有不同的认识。例如，青年人对旅游产品的需求，与老年人的需求差异较大。青年人更倾向于"背包游""自驾游"等自由的旅游方式，更喜欢运用爱彼迎、飞猪旅游网、去哪儿网等定制个性化旅游路线。而老年人更倾向于"跟团游"，各大旅行社也有针对性地推出了"夕阳红旅游"等旅游产品。

③ 收入。收入水平不同的顾客，在旅游产品消费时对产品和服务的要求也不同。高收入群体的旅客比较注重旅游产品和服务的品质性和舒适性，对酒店的选择也很讲究，一般会选择国际旅游品牌或连锁的五星级酒店进行消费；低收入群体的顾客关注产品时，更侧重"量"的需求，通常喜欢物美价廉、性价比高的旅游产品。值得注意的是，在实际操作过程中，不仅需要根

据收入来细分市场,还应该根据旅游产品的特点,结合其他变量综合细分。例如,为蜜月旅行中的夫妻推荐"海岛游"等具有特色的旅游产品和服务等。

④ 家庭生命周期。一个家庭,按年龄、婚姻和子女状况,可划分为七个阶段:单身阶段、新婚阶段、满巢阶段Ⅰ、满巢阶段Ⅱ、满巢阶段Ⅲ、空巢阶段、解体阶段。在不同阶段,家庭购买力、家庭人员对商品的兴趣与偏好会有较大差别。例如,旅行社可以为单身者推荐"跟团游""小众目的地旅游",有孩子的家庭旅游人群出游时间大多为寒暑假和节假日,可以针对该阶段人群推荐"亲子游"。

(3) 心理细分。心理细分是指按照消费者的个性、生活方式来细分市场的方法。

① 生活方式。生活方式是指人们生活的格局和格调,表现为人们对活动、兴趣和思想的见解上,人们形成的生活方式不同,消费倾向也不一样。

② 个性。个性分为内向与外向、追求独特与愿意依赖、乐观与悲观等。不同性格的顾客对产品的要求不同。例如,对产品的色彩,内向的人比较喜欢冷色调,外向的人却喜欢暖色调;对产品的款式,追求独特的人喜欢标新立异,依赖的人却爱跟随众人。又如,爱冒险的旅游者往往选择"户外游""房车游"等探险路线,家庭出游的旅游者往往选择"亲子游""自驾游"等。

(4) 行为细分。

① 时机细分。可以根据消费者购买和使用产品的时机,将他们划分成不同的群体。在营销实践中,企业可以通过时机细分提高消费者对产品的使用率。许多旅游企业如携程网、飞猪旅游网、去哪儿网和各大抖音平台等,都

会在"双十一"和寒暑假到来之际通过促销的方式为旅游景区门票、酒店等大做广告,借机推销以增进其销售量。

② 使用者细分。许多产品和品牌可以按照使用者不同分为未使用者、曾使用者、潜在使用者、初次使用者和经常使用者。旅游企业可以根据自身的情况,为不同的旅游者制定不同的营销计划。一般来说,大企业往往将经营的重点放在使潜在使用者转变为实际使用者上,而小企业则由于自身资源限制,更多关注经常使用者。

③ 忠诚度细分。所谓忠诚,是指由于价格、品牌地位、服务质量等诸多因素的影响,使消费者对某一产品或品牌情有独钟,形成偏爱并长期购买这一品牌旅游产品的行为。按忠诚度不同,可将消费者细分为坚定品牌忠诚者、有限品牌忠诚者、游移忠诚者和非忠诚者。

4. 有效细分的条件

对旅游企业而言,形成有效的细分市场,必须具备以下几个条件。

(1) 差异性。

在对商品的整体市场研究中,我们发现确实存在着购买与消费上的明显差异性,足以成为细分依据。例如,服装、护肤品可以按购买者性别细分,而大米、食盐等一般性食物就没有必要按购买者性别细分。

(2) 可衡量性。

可衡量性是指细分市场的规模及其购买力是可以衡量的。细分出来的市场不仅范围比较清晰,而且也能大致判断该市场的大小。

(3) 可接近性。

可接近性是指细分市场是企业的营销活动能够通达的市场，企业能够对顾客发生影响、产品能够展现在顾客面前。考虑细分市场的可接受性，实际上就是考虑企业营销活动的可行性。显然，对不能进入或难以进入的市场进行细分是没有意义的。

(4) 效益性。

效益性是指细分市场的容量足够大，能够保证企业获得足够的经济效益，值得企业专门为之制定营销计划去开拓的市场。如果容量太小，销售有限，得不偿失，则不足以成为细分依据。

案例：澳大利亚旅游局对中国目标市场的细分

2011年，澳大利亚旅游局曾经做过一次对于上海地区的营销推广，以验证旅游电子商务企业与传统旅行社在旅游销售策略和方式上的差别，是一个很好的研究案例。

澳大利亚旅游局早在2005年就已经开始对中国市场进行研究，其中一个很重要的发现是，中国市场由于地域广阔、人口众多，人们的旅游消费行为差别巨大。澳大利亚在收集的大量中国游客样本中，通过定量与定性两种方式相结合的调研方法，将中国游客分为五类，分别是自我挑战型游客（Self Challenger）、观光型游客（Sightseer）、家庭维系型游客（Family Connection）、周边走走型游客（Closeto Home）和计划在即型游客（Ready to Go）。其中，对澳大利亚目的地而言，自我挑战型游客及计划在即型游客是最有价值的目标客户。经过这样的定位，澳大利亚旅游局希望通过不同的销售渠道建立起目标客户群。澳大利亚旅游局分别与锦江国际旅行社及携程网建立营销合作，希望通过传统旅行社与在线旅游运营商相结合的方式，经过不同的渠道来获取从上海赴澳大利亚的游客。

首先，从产品开发上来看，锦江国际旅行社依靠自身产品力的优势，在其基础产品之上，通过增加澳网公开赛观摩券等稀有资源，推出了赴澳大利亚的特别行程，并通过组团的形式，推出了性价比较高的主题类产品作为主打。同时，其常规团队的产品仍然销售，以降低客源不足所带来的风险，并控制成本。携程网则根据其网络平台+呼叫中心的系统优势，推出澳大利亚自由行产品，试图通过人机互动的形式增加游客对其产品的自主度，同时游客可以自己挑选机票、酒店及当地的旅游产品，并以多家有澳大利亚航线的航空公司为合作伙伴，开发除上海之外的从多个城市出发的产品，力图满足多方面、全覆盖的游客的各项旅游需求。

锦江国际旅行社和携程网的产品开发充分展现了传统旅行社与互联网公司在营销理念上的差异，即传统旅行社偏向于从产品力入手，资源、价格和团队是其市场立足点；在线互联网企业则偏向于从游客方面入手，网络系统、客户需求、覆盖面是其核心价值。对主题类的团队旅游产品而言，它的受众客户本身就具有很大的局限性，而自我定制的自由行产品对消费者自身的要求很高，但是一旦达成销售，所出售的旅游产品则 100%满足了不同客户截然不同的需求。

其次，从客户细分及营销手段上看，锦江国际旅行社主要通过报纸广告及门店等的宣传来传播内容及售卖产品等。具体手段有：在一段时间内，目的地在当地主流的报纸上刊登广告、宣传等，以达到促进产品销售的作用。一般来说，传统旅行社与报纸媒体等均保持着良好的合作关系，为了达到好

的宣传效果，在刊登广告的同时还会配有目的地游记、景区攻略等实用信息，以口碑营销的方式来增加产品的吸引力。同时配合报纸媒体的刊登，在店面中都会配合产品宣传单页、海报及销售人员的推荐等形式来达成最终销售的目的。携程网则是利用网络平台及系统的优势来设计澳大利亚目的地的营销页面，让登录携程网的每个消费者都有机会看到澳大利亚产品的营销内容，并通过 cookies 的跟踪，筛选出曾经搜索过澳洲旅游产品及资讯的潜在客户，购买过相近的海外长途产品的客户，以及在亚洲出行多次但从未前往过更远国家的潜在客户，并定期推送关于澳大利亚旅游营销活动的电子邮件给以上的潜在客户。最后，通过与互联网客户的可维系性和易进入性，以及客户注册、门户搜索、子网站互链等形式，将携程网上现有的及潜在的在线消费者都聚拢到网络销售平台上，达到销售的目的。

以上两种不同旅游销售的渠道，可触及的目标客户的层次是完全不同的。从澳大利亚旅游局目标游客的行为研究上发现，自我挑战型游客均有着以下特征。工作及生活上的大部分时间在使用互联网，居所等地方一般都有接入宽带，喜欢便用 Google 和 Hotmail 进行搜索及网络沟通等，相对来说很少有人看报纸及电视，收听广播和阅读杂志。计划在即型游客也有许多相近的行为特征：工作及生活中使用互联网的平均时间与平均水平一致。会看一些报纸，电视要看得多一些，看招聘杂志更多一点等，收听广播的比例与平均水平相一致。更多的可能是在网吧上网，时常下载电影、音乐等，还会浏览博客。

可以得出这样一个结论，即锦江国际旅行社通过当地的主流报纸及门店的宣传，可以获取部分计划在即型游客和少部分的自我挑战型游客；而携程网却能够获取大部分的自我挑战型游客和大约半数的计划在即型游客。携程网营销的客户到达率明显比传统的旅行社要高很多。

最后，再从投入产出角度来分析，在同一营销期间，锦江国际旅行社共达成销售 685 次，而携程网最终达成销售 760 次。虽然两家在最终的销售数上差距并不明显，但是从成本角度考虑，报纸广告及宣传物料的成本日渐上涨。锦江国际旅行社在营销的投入上很明显要大于携程网的投入。对旅游在线运营商来说，他们付出的营销净成本几乎为零。

总体来说，传统旅行社在旅游营销上更加偏重产品力的优势营销，而非偏重于分析人的需求。旅游在线运营商则更看重和挖掘客户潜在的需求，并通过各种手段来满足他们的需求。

澳大利亚旅游局的真实案例，展现了在实际操作过程中，传统旅行社与旅游在线运营商在产品研发、营销手段及投入产出上的不同点和对比，最后得出旅游电子商务企业所构建的新销售模式具有非常强的可行性和实践性，并可以被市场和消费者所接受。

第二节　旅游目标市场选择

1. 旅游目标市场战略

常见的旅游目标市场战略有三种，分别是无差异营销战略、差异营销战略、集中营销战略。

（1）无差异营销战略。

无差异营销战略是指企业不做市场细分，把整体市场作为目标市场，设计单一的产品和营销组合，力求满足尽可能多的消费者的需求的营销战略。无差异营销战略的优点是产品的品种单一，生产过程能够实现标准化，可以进行大规模生产，从而降低生产成本，获得规模效益。无差异营销战略的缺点是单一的产品和营销组合不能满足消费者复杂多变的需求，不能适应多变的市场形势。无差异营销战略适合以下情况：企业实力雄厚，产品和市场同质程度较高，消费者需求广泛，能够大量生产、大量销售。

（2）差异营销战略。

差异营销战略是指在市场细分的基础上，企业选择两个或两个以上的细分市场为目标市场，根据不同细分市场的需求特点，分别设计不同产品，采取不同的市场营销组合，有针对性地满足不同消费者需求的营销战略。

差异营销战略的优点是能扩大销售，减少经营风险，提高市场占有率。因为多品种的生产能分别满足不同消费者群体的需要，以扩大产品销售。某一、二种产品经营不善的风险，可以由其他产品经营所弥补；如果企业在数个细分市场都能取得较好的经营效果，就能树立良好的企业市场形象，提高市场占有率。差异营销战略的缺点是产品的多样化导致成本增加（旅游路线设计研发费、管理和服务成本、促销推广费用）；可能造成企业资源的过度分散，不利于企业核心竞争力的形成。差异营销战略适用于旅游产品需求差异大的情况，由于多样化的产品在销售和推广的过程中需要以技术、人力及资金为后盾，因此采用这种战略的一般都是大型企业。

随着我国旅游业的不断成熟，旅游市场开始出现差异化需求的特点，旅游消费者不断追求变化和差异的产品和服务，使旅游市场自然形成了多样化

的特点，提供旅游产品和服务的企业也开始设计不同特色、多样化的旅游产品。尤其是随着互联网技术的飞速发展，以及旅游者消费意识的不断提高，进一步推动了旅游消费市场需求的个性化和多样化趋势的发展。旅游消费者需要及时地获得大量的旅游信息，通过自己的多媒体平台如抖音、小红书、微博、微信等，针对自己的个性化需求定制适合自己的旅游产品，并通过快速高效的交易渠道随时进行旅游交易。旅游企业开始更加关注消费者需求的差异性，通过提供多种多样的旅游产品，实施旅游产品和服务的差异营销战略来获取更多的旅客。

（3）集中营销战略。

集中营销战略是指在旅游目标市场细分的基础上，旅游企业选取一个或少数几个相似的细分市场作为目标市场，集中力量实行专业化旅游产品生产和经营的营销战略。

集中营销战略的优点是目标市场集中，有助于旅游企业深入了解目标市场的旅游消费者需求，使产品和服务适销对路，有助于提高企业和产品在市场上的知名度。集中营销战略的缺点是风险较大，目标市场过于狭窄，一旦市场上出现实力雄厚的竞争者，或者消费者的需求发生转变，企业就会立即陷入困境。实行集中营销战略的企业一般是资源有限的中小企业或初次进入新市场的大企业。

2. 目标市场战略的选择

上面介绍的三种目标市场战略各有利弊，适合不同的情况。企业在选择的时候应该全面考虑，慎重决策，可以从旅游企业的资源状况、旅游消费者

市场同质性、旅游产品和服务的差异性、产品生命周期阶段和竞争对手的状况五个方面进行考虑。

（1）旅游企业的资源状况。企业的资源状况包括技术水平、生产能力、设备、资金和销售能力等。一般来说，实力雄厚的旅游企业拥有先进的技术设备和生产能力，而且资金充足，能够进行大规模生产和产品研发，因而可以采用无差异营销战略和差异营销战略。如果企业资源有限，实力薄弱，那么就应该采用集中营销战略，把有限的资源集中运用到某一个或几个子市场，形成该领域的竞争优势。

（2）旅游消费者市场同质性。如果市场上的顾客对产品的偏好、购买量大致相似，可视为同质市场，可以采用无差异营销战略。反之，如果顾客对产品的需求存在较大差异，则适合采用差异营销战略，设计不同的产品，制定有针对性的营销组合，以满足消费者的需要。

（3）旅游产品和服务的差异性。产品差异性是指产品在性能、特点等方面差异性的大小。如果产品差异性较小，则适合采用无差异营销战略；如果产品差异性较大，则适合采用差异营销战略。

（4）产品生命周期阶段。一般来说，产品在导入期和成长期适合采用无差异营销战略和集中营销战略；进入成熟期之后，由于竞争激烈，不得不设计出与竞争对手相区别的产品或营销策略，因此该阶段应该采用差异营销战略。

（5）竞争对手的状况。一般来说，企业应该避免与竞争对手采用相同的目标市场战略，反其道而行之。如果强大的竞争对手采用无差异营销战略，以一种产品满足所有顾客群的需要，则企业应该采用差异营销战略或集中营销战略。对实力较弱的竞争对手，也可以考虑采用与之相同的目标市场战略。以上方法并非普适性规则,在选择目标市场战略的实践中,企业还需要根据实际情况仔细斟酌,灵活选择。

第三节 旅游目标市场定位

1. 旅游目标市场定位的概念

市场定位是在20世纪70年代由美国营销学家艾·里斯和杰克·特劳特提出的,是指企业根据竞争者现有产品在市场上所处的位置,以及顾客对该类产品某些特征或属性的重视程度,为本企业产品塑造与众不同的、给人印象鲜明的形象,并将这种形象生动地传递给顾客,从而使该产品在市场上确定适当位置的方法。

市场定位最核心的思想是区隔市场,聚焦经营。任何一个品牌(产品、服务或企业),都必须在消费者的心目中占据一个特定位置,形成有利于竞争者的价值,并维护好自己的经营焦点。

旅游目标市场定位是旅游企业根据自己的营销目标和经营宗旨设定的旅游产品和服务的类型,以方便旅游消费者进行选择,也便于将自己的旅游产品与竞争对手的旅游产品进行区分。例如,在我国星级酒店市场竞争非常激烈的情况下,喜达屋集团(Starwood)将旗下的"W"酒店定位为"生活方式酒店和精品酒店",从而与一般的酒店区分开来,成为这个类别酒店中的代表。又如，某些经济连锁型酒店，直接打出"全国统一99元"的具有冲击力的价格，作为它们的市场定位。

2. 旅游市场定位的步骤

旅游市场定位的关键是旅游企业要设法在自己的产品中找出比竞争者更具有竞争优势的特性。竞争优势一般有两种基本类型：一是价格竞争优势，是指在同样的条件下比竞争者定出更低的价格。这就要求旅游企业采取一切努力来降低单位成本。二是偏好竞争优势，即能提供确定的特色来满足顾客的特定偏好。这就要求企业采取一切努力在产品特色上下功夫。旅游企业目标市场定位包括以下三个步骤。

（1）分析目标市场的现状，确认本企业的竞争优势。

这一步骤的中心任务是要回答以下三个问题：一是竞争对手产品定位如何？二是目标市场上顾客欲望满足程度如何，以及确实还需要什么？三是针对竞争者的市场定位和潜在顾客的真正需要的利益要求，企业应该及能够做什么？要回答这三个问题，旅游企业市场营销人员必须通过调研手段，系统地设计、搜索、分析并报告有关上述问题的资料和研究结果。回答好上述三个问题，企业就可以从中把握和确定自己的竞争优势。

（2）准确选择竞争优势。

竞争优势是指企业能够胜过竞争对手的能力。这种能力既可以是现有的，也可以是潜在的。选择竞争优势实际上就是一个企业与竞争者各方面实力相比较的过程。比较的指标应是一个完整的体系，只有这样，才能准确地选择相对竞争优势。通常的方法是分析、比较旅游企业与竞争者在经营管

理、技术开发、采购、生产、市场营销、财务和产品等 7 个方面究竟哪些是强项，哪些是弱项。借此选出最适合本企业的优势项目，以初步确定企业在目标市场上所处的位置。

（3）显示独特的竞争优势和重新定位。

这一步骤的主要任务是企业通过一系列的宣传促销活动，将其独特的竞争优势准确地传播给潜在顾客，并在顾客心目中留下深刻印象。为此，旅游企业首先应使目标顾客了解、知道、熟悉、认同、喜欢和偏爱本企业的市场定位，在顾客心目中建立与该定位相一致的形象。其次，企业通过各种努力强化目标顾客形象，保持对目标顾客的了解，稳定目标顾客的态度和加深目标顾客的感情来巩固与目标市场相一致的形象。最后，企业应注意目标顾客对其市场定位理解出现的偏差或由于旅游企业目标市场定位宣传上的失误而造成的目标顾客模糊、混乱和误会，及时纠正与市场定位不一致的形象。

案例：日航亚特兰大饭店的重新定位

当日航亚特兰大饭店在巴克黑德（Buckhead）区域开张时，周围已经有丽思·卡尔顿饭店、威斯汀饭店、大使套房饭店和假日饭店等私家大型的饭店。城市和该区域正面临着出租率高的现状，影响了所有饭店的经营。丽思·卡尔顿饭店的出租率最高，约为 75%，单间价格 140～180 美元，日平均房价为 120 美元。威斯汀饭店的出租率为 55%，日平均房价是 100 美元。其他饭店更低。日航亚特兰大饭店将房租定在 135～185 美元，定位直接针对丽思·卡尔顿饭店，并将它看作唯一的对手。一年后，日航亚特兰大饭店的出租率仅为 35%，日航亚特兰大饭店进行了打折，但情况并没有得到好转。

日航亚特兰大饭店总经理说:"饭店没有正确的定位,只关心同丽思·卡尔顿饭店的竞争。我们只向顾客提供我们想要的,而不是顾客想要的东西"。日航亚特兰大饭店必须进行重新定位,目标是成为该地区豪华饭店中的"价值领头者"。日航亚特兰大饭店因此将房价下降了 15 美元,比丽思·卡尔顿更低,同时却提高了饭店的档次,从而鼓励很多消费者尝试新的产品。日航亚特兰大饭店还开始实行周末包价,行政楼层房间 125 美元/间,行政套房 139 美元/间,附赠可以停车和在餐厅用餐的一张 20 美元的券。由于找到了正确的市场定位,日航亚特兰大饭店当年成为增长较快的饭店。与前年同期比,出租率增长了 18%,收入增长了 24%。而日航亚特兰大饭店最大的竞争对手丽思·卡尔顿饭店同期也分别增长了 10%和 16%。[①]

3. 旅游目标市场定位的策略

(1)产品定位策略。

① 利益定位。根据产品向消费者提供的利益进行定位,而这一利益点是其他企业无法提供或没有诉求过的,因此是独一无二的。实力雄厚的大企业可以在同一类产品中推出众多产品,覆盖多个细分市场,提高其总体市场占有率。

② 质量/价格定位。这种定位策略将质量和价格结合起来共同构筑品牌,往往表现为产品的物美价廉或物有所值。

---

① 资料来源:节选自罗伯特·C.刘易斯等.饭店业营销领导:原理与实践[M].大连:东北财经大学出版社,2005.

③ 对比定位。这种定位策略通过与竞争对手进行比较来突出显示自己的产品或服务的特殊之处。在该定位中，企业设法改变竞争者在消费者心目中的现有形象，找出其缺点或弱点，并与自己的产品或服务进行对比，从而确立自己的市场地位。

（2）竞争定位策略。

① 避强定位。避强定位指企业尽量避免与市场上强劲的竞争对手直接对抗，定位于市场空白处，开拓新的市场领域。

② 迎头定位。迎头定位又称对峙性定位，指企业选择与市场上最强劲的竞争对手采用大体相同的营销策略，与其争夺同一个市场。

③ 重新定位。旅游企业通过调整旅游产品线或改变旅游产品和服务特色，改变其在目标顾客心中的印象，希望形成新的认识。例如，专营高档度假酒店、度假业务的集团地中海俱乐部（Club Med）最早选择新婚人群和单身人群市场，但是在发展过程中，逐渐重视家庭度假市场。他们在保留原有的一些吸引力因素（全包价便利度假）的同时，通过设计专门的儿童度假课程，解放一起来度假的父母，从而树立了全能的度假产品供应商的形象定位。

案例：Club Med "一价全包"理念以家庭为中心，开创休闲度假行业先河

Club Med 自 2016 年被复星旅文收购以来，保持高端定位，增强高端及优质的产品供给，陆续关闭 6 家三星级低端度假村，新增 13 家度假村全部为四、五星级高端度假村。截至 2019 年年底，Club Med 经营 10 家三星级度假村、48家四星级度假村、8家五星级度假村，四、五星级高端度假村容纳能力由2017年的866万人上升至2019年的1047.5万人，占Club Med总容纳能力的85%，受游客消费升级所推动，四、五星级度假村入住客人占客人总数的比例逐年攀升。未来，Club Med在国内及全球竞争中，仍然有较突出的优势和较大的发展潜力。国内休闲度假游市场仍然处于发展初期，并且未来的发展空间较大，优质的休闲度假游产品有望主要受益行业空间的成长。Club Med在全球范围内拥有丰富的运营经验和较高的品牌知名度。同时，其在全球布局60多个度假村产品，并且对国内市场来说，其所打造的"一价全包"模式在国内市场为全新的度假村付费模式，并且其所打造的一站式度假村产品在国内市场也较为独特，具有较强的产品吸引力和竞争力。相较于国内过往以观光游和传统景区游为主的模式，在旅游休闲和体验上的提升幅度巨大。并且，Club Med所包含的"迷你营"等业态，具备孩童托管的模式，与以亲子游为主要模式的休闲度假游非常契合。

  总体上看，Club Med产品在国内外市场均具有明显的差异化，未来高端化和特色化的趋势和边际改善明显，成长空间较大，并且在国内市场有望引领亲子游度假市场的发展。在发达国家，亲子旅游一直深受欢迎，在高增长新兴国家（如中国），亲子游也日渐被接受，并且快速崛起，父母希望在休闲度假游中陪伴孩子并共同创造难忘经历。相关数据显示，家庭消费者已成为休闲旅游业中规模最大、增长最快的客户群。Club Med迎合家庭客户偏好，专注为家庭消费者提供优质服务，在亲子游与高端旅游市场具有较强的竞争力。Club Med首创"一价全包"式的休闲度假理念，客人可按全包价格享受住宿、体育及休闲活动、娱乐、儿童看护、餐饮及开放式酒吧等服务（另有部分单独收费的服务项目），由于客人事先已完成付费从而会产生免费度假的心理错觉，用户体验优于传统的走马观花式旅游体验。Club Med 设立宝贝俱乐部与小小俱乐部，分别针对 4～23 个月与 2 至 3 岁的儿童提供看护服务；设立迷你俱乐部、青少年俱乐部和 Club Med Passworld 分别指导 4～10 岁儿童与 11～17 岁青少年开展活动，并为家庭客户提供家庭套房，克服了传统旅游模式没有专门为家庭游客设计产品的短板。①

---

① 资料来源：《Club Med 深度报告：崛起的亲子游稳固的护城河》。

第四章

旅游产品开发策略

第一节 旅游产品的概念

旅游产品和服务是旅游企业营销成败的关键，更是企业市场营销组合的首要因素。一个企业要实现自己的经营目标，在激烈的市场竞争中占有一席之地，就必须生产适销对路的产品。价格、渠道、促销等组合因素因产品的存在而存在，也会因产品的变化而随之变化，因此，旅游产品开发策略十分重要。

1. 产品的概念

市场营销学中的产品的概念是一个多方面的概念。从前述产品的概念中，我们可以得出一个关于产品的整体外延概念。产品不仅是指有形的实体，从广义上说，产品包括有形物品、服务、人员、地方、组织、构思，或者这些实体的组合。服务产品包括可供出售的行为、利益等。与此同时，整体产品还是一个包含多层次的概念，不仅具有广泛的外延，而且具有深入的内涵。这就是下面将要展开的产品层次。因此，产品不仅是指一组有形的实体，更是满足消费者欲望和需要的复杂利益集合。在开发产品时，营销人员首先必须找出能满足消费者需要的核心利益，然后设计出实际产品和找到扩大产品外延的途径，并能关注和把握满足这一产品需要的未来发展变化，以便不断创造出满足消费者要求的一系列利益组合。

2. 产品整体概念

营销者必须从产品的整体概念出发考虑产品，即市场营销中所指的产品是一个整体概念。产品整体概念包含核心产品、形式产品、期望产品、附加产品和潜在产品 5 个层次，如图 4-1 所示。

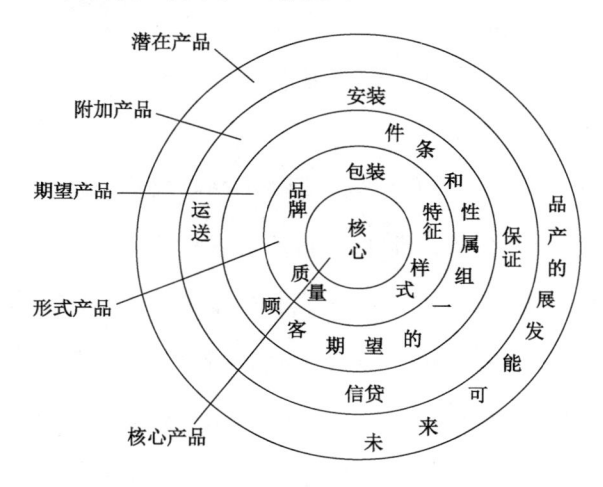

图 4-1　产品整体概念

（1）核心产品。核心产品又称实质产品，是指产品能向顾客提供的最根本的利益和效用。这是产品最基本的层次，是满足顾客需要的核心利益。顾客购买某种产品，不仅是为了获得它的所有权，而且还要能满足顾客某一方面的利益。例如，旅游者购买航空产品是为了实现较远距离的空间移动；入住酒店是为了住宿休息；而购买旅游线路，则可能是实现一种差异化的体验。

（2）形式产品。形式产品是核心产品的载体，是核心产品借以实现的形式。形式产品包含包装、品牌、质量、式样、特征等几个要素。这些要素是有形物质产品都具备的，而服务也具有与部分特点相类似的要素。形式产品是呈现在市场上，并被顾客所识别的，因此是顾客选择产品的直观依据。

（3）期望产品。期望产品是指顾客购买某产品时期望的一组属性和条件。具有相同或类似核心效用的旅游产品在类型、旅游要素的组合方式、产品服务的品质、价格和特色等方面都存在不同的表现，并因此影响了核心效用。例如，同样是住宿的功能，可以表现成经济型的客房、豪华的客房、帐篷和露营、乡村旅店等，它们不仅在住宿设计上有不同，在服务质量、价格水平等方面都有明显的差别。

（4）附加产品。附加产品是指顾客购买产品时所获得的全部附加利益与延伸服务，包括售后服务等。企业在向消费者提供产品核心价值的同时，也要为顾客提供附加利益，而这往往是消费者在选择产品时需要重要考虑的因素。例如，旅游者在购买住宿产品时，酒店附送了城市的导游地图，或者提供了当地游览的交通信息；预订时，及时地处理顾客预订需求；为住店客人提供物品寄存、免费洗衣的服务；或者住宿房间时能看到的窗外景色等。

（5）潜在产品。潜在产品是指与现有产品相关的未来可能发展的潜在产品。潜在产品指出了产品可能的发展趋势和前景。例如，一些饭店集团采用会员制，会员将会关心该酒店集团是否会在新的区域中拓展，旗下的酒店是否会更新改造，是否会引进新的娱乐设施，是否会升星级等。

3. 旅游产品的整体概念

旅游产品的整体概念体现了以顾客需求为中心的营销观念。正确认识产品的整体概念，才能真正贯彻现代市场营销观念。

旅游产品是为满足人们的特定需求或欲望产生的，在旅行过程中旅游消费者付出了时间、精力所体验到的吃、住、行、游、购、娱等不同方面的服务。旅游产品能够满足的需求非常多样化，可能帮助人们恢复身体健康、增长见识、提供情感交流和沟通的机会、给平淡的生活注入新的色彩等。

与其他产品不同，旅游产品具有"体验性"。从形态或消费过程来看，旅游产品虽然是易逝品，但是旅游者在旅游特定的体验中获取了见识、感悟等，这种体验可以带给消费者无法替代的满足感。

以上层次构成了整体的旅游产品，它们整合在一起决定了旅游产品给顾客提供的价值，以及能够满足需求的能力。

案例：携程网（ctrip.com）卖的是什么？

携程网是一家吸纳海外风险投资组建的旅行服务公司，创立于 1999 年初，主要的投资者有美国 Carlyle Group（凯雷集团）、日本 Softbank（软银）、美国 IDG（国际数据集团）、上海实业、美国 Orchid（兰花基金）及香港 Morningside（晨兴集团）等，是国内最大的旅游电子商务网站，最大的商务及度假旅行服务公司，提供酒店、机票、度假产品的预订，以及国内、国际旅游实用信息查询的服务。

携程网于 1999 年 10 月接受 IDG 的第一轮投资；2000 年 3 月接受以软银集团为首的第二轮投资，2000 年 11 月收购国内最早、最大的传统订房中心——现代运通，成为中国最大的宾馆分销商，并在同月接受以凯雷集团为首的第三轮投资，三次共计吸纳海外风险投资近 1 800 万美元；2001 年 10 月携程实现盈利；2002 年 4 月收购了北京最大的散客票务公司——北京海岸航空服务公司，并建立了全国统一的机票预订服务中心，在十大商旅城市提供送票上门服务。

携程网的交易额、毛利、会员数及宾馆业务连年呈直线快速上升。公司在 30 个月内实现了盈利，2002 年 10 月的交易额突破 1 亿元人民币，其中酒店预订量达到了 18 万间/夜。2002 年全年的交易额超过 10 亿元人民币，其中网上交易额达到 40%。到 2002 年 12 月，携程网拥有注册会员超过 500 万人，其中使用过携程网服务及产品的常用客户约 50 万人。

携程网的发展证明了高科技和传统产业的结合是大有所为的：不仅在存活率不到 1%的网络公司中成为盈利规模最大、稳定性最好的互联网创业公司，并且在短短的三年时间内逼近了传统公司几十年的发展规模，使宾馆分销成为重要的旅游服务领域。携程网以高科技的运作手段、精细化的管理模式和先进的服务理念为旅游服务企业的超常规发展拓展了新路子。

互联网时代，每个公司都以同样一屏界面的方式展现在消费者面前。这一点非常容易引起人们的错觉，从前台看来好像每个公司都差不多，实际上相互间的差距很大，网站之间真正比拼的是其后台。尽管任意一个人都可以建立一个网站，号称可以提供相关服务，但最后决定胜负的还是企业的整体实力。

携程网的创业就像小学生做数学题一样，从最简单的入手。携程网先从酒店订房开始，这是携程网的"初级版本"。相对订票，订房是更为简单直接的切入点。只要顾客在网上拿到订房号，自己带着行李入住即可。所以第一年携程网集中全力打通酒店订房环节。这种"帮人订房"的"简单工作"或许是很多海归所不屑的。但是不要忘了，你是在中国，要服务的是中国大众。

上市公司的股价你无法控制，但是你可以不断地把公司的核心竞争力加强再加强。只要是金子总会发光。给核心竞争力加分的秘诀都取决于"细节"。

例如，携程网从三年前开始的"预留房"服务。目前有800个酒店为携程网协议保留一定数量的预留房。在洽谈这项条款时，携程网并没有期望能马上得到回报，但是其意义却非同一般。它保证了携程网的酒店订房业务在旅游旺季依然能够游刃有余，更是为携程网的长期竞争力，或者说携程股票的长期不俗表现加分。

2004年10月19日，携程旅行网和携程翠明国旅在上海召开新闻发布会，正式对外宣布推出全新360°度假超市，超市"产品"涵盖海内外各大旅游风景点产品，旅游者可以根据自己的出游喜好自由选择搭配酒店、航班等组合套餐。面对国内发展迅猛的旅游市场，度假超市的推出对整个国内旅游业的发展产生了积极而深远的影响。

随着国内旅游者出游频率的逐年增加，旅游者的旅游经验日趋丰富，旅游者的旅游需求也在不断提高。传统旅行社组团在个性化、自由度方面已无法满足当代游客的出游需求。在此背景下，以"机票＋酒店"套餐为主的自助游产品应运而生，即旅游网站给游客提供机票和酒店等旅游产品，由旅游者自行安排行程。自由行的出游模式已逐渐成为人们出行的一个热门选择。

面对旅游市场这一新变化，国内许多旅游企业开始新一轮排兵布阵，携程网也将度假业务的重点放在自助游上。携程网执行副总裁范敏介绍，针对市场上自助游产品线路少、产品单一的状况，此次推出的360°度假超市主要是由携程翠明提供的自助旅游产品和携程网自行开发的"机票＋酒店"套餐产品构成，携程网依托与酒店、航空公司及中国香港地区、新加坡、马来西亚等当地旅游局的合作伙伴关系，通过强大的技术力量搭建了度假产品查询、预订界面的度假超市。整个"超市"包括中国香港地区、马尔代夫、普

吉岛、巴厘岛等几十个自由行精品店，每个"精品店"内拥有不同产品组合线路至少 5 条以上。另外，度假超市为旅游者同时提供景点门票等增值服务及众多的可选服务，旅游者可以根据时间、兴趣和经济情况自由选择希望游览的景点、入住的酒店及出行的日期。

目前携程网已把酒店、机票预订拓展到境外，可预订的海外酒店超过 500 家。这比一般旅行社的数字都要大。由于携程网保持了电子商务公司的性质，在未来发展中，其酒店预订、机票预订及旅游项目三块主业，无一不促使其和相应传统渠道存在特殊的关系：既竞争抢食，又合作发展。为此，携程开始在度假旅行方面下功夫，并推出一些组合性的套餐产品。预先帮客户设计了一些可供选择的方案，客户可以据此安排自己的行程。度假旅行属于自助游的范畴，我国自助游的发展空间很大。在未来，自助游将会成为主流。与传统旅行社相比，携程的优势很明显。首先，携程网的成本比它们低。其次，自助游的选择很多，按传统方式操作，客户很难在短时间内全面了解清楚，而在网上一切就方便多了。最后，携程网的散客量很大，一年有 50 万人订房，100 万人订票，没有一家传统旅行社能达到这样的规模。同时，携程网对传统旅行社也充满兴趣。

在美国纳斯达克成功上市后，携程网目前已经发展成为国内最大的旅游电子商务网站和最大的商务及休闲度假旅行服务公司。在酒店预订和机票预订获得双丰收后，2004 年 2 月，携程网与上海翠明国旅合作，将其正式更名为携程翠明国际旅行社，全力进军度假市场领域。类似的例子还有很多。

携程网永远都记得自己在卖什么。携程网本身是一个旅游服务企业，互

联网只是载体![1]

第二节 旅游产品生命周期

当一种产品进入市场后，就如同人的生命一样，由诞生、成长到成熟，最终走向衰亡——它的销售量和利润都会随时间推移而改变，呈现一个发展变化的过程，这就是产品的生命周期现象。那么，如何利用产品有限的生命周期为企业创造无限的价值，成为企业实施的产品开发策略中的重要问题。

1. 旅游产品生命周期的概念

（1）旅游产品生命周期的含义。

所谓旅游产品生命周期，是指旅游产品和服务从进入市场开始，直到最终退出市场为止所经历的全过程。旅游产品只有经过研究设计、试销，然后进入市场，它的市场生命周期才算开始。产品退出市场，则标志着生命周期的结束。

同时，我们需要理解的是，产品生命周期和产品的使用寿命是两个不同的概念。前者是指产品的市场寿命，在市场上的存在时间，它的长短主要受市场因素的影响。使用寿命是指从产品投入使用到产品报废所经历的时间，其长短受自然属性、使用频率等因素的影响。

---

[1] 资料来源：上海财经大学市场营销课程教学案例。

（2）产品生命周期阶段。

任何生物体都有一个出生、成长和衰亡的过程，产品也是如此。每一种产品都有研制、生产、投放市场、大批量生产和被市场淘汰的过程。因此，我们把一种产品从投放市场开始一直到被市场淘汰为止的整个阶段，称为该产品的生命周期。典型的产品生命周期一般可分为 4 个阶段，即介绍期（或引入期）、成长期、成熟期和衰退期，如图 4-2 所示。

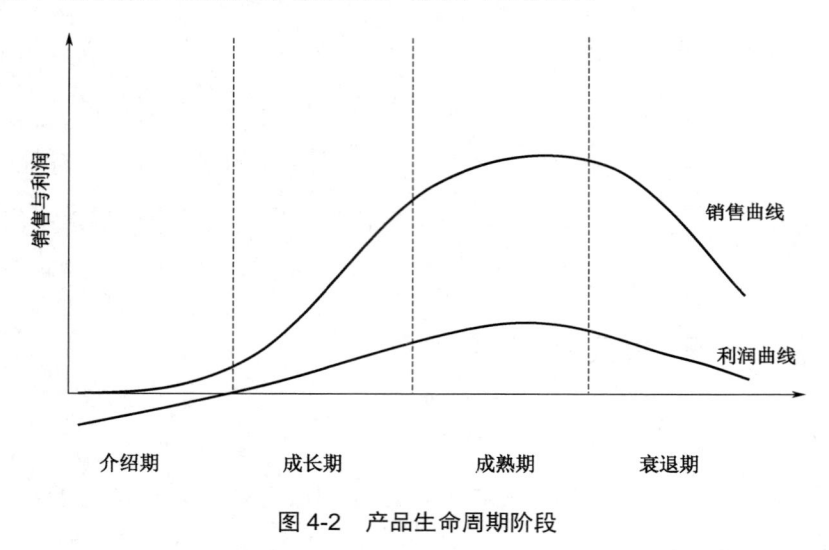

图 4-2　产品生命周期阶段

介绍期。当新产品投放市场时，就意味着产品进入了介绍期。此时，顾客对产品还不了解，只有少数追求新奇的顾客可能购买，销售量比较低。为了迅速打开销路，需要投入大量的促销费用，对产品进行宣传。在这一阶段，由于生产和销售方面的原因，产品不能大批量生产，因而成本高，销售额增长缓慢，企业不但得不到利润，甚至还会亏损。

成长期。此时顾客对产品已经熟悉，大量的顾客开始购买，市场份额逐步扩大。产品开始大批量生产，生产成本逐步降低，企业的销售额和利润也

迅速上升。这时竞争者看到有利可图，将纷纷组织同类产品的生产，并且进入市场参与竞争，使得同类产品供给量增加，价格随之下降。企业应该继续扩大产品宣传，尽可能地扩大市场份额。

成熟期。市场需求趋向饱和，潜在的顾客已经很少。在这一阶段，企业销售额和利润增长速度逐步减慢，然后达到生命周期的最高点，转而开始下降。

衰退期。随着新产品或新的替代品出现，顾客的消费习惯发生改变，转向其他产品，使原来产品的销售额和利润额迅速下降。于是，产品进入了衰退期。

2. 旅游产品生命周期各阶段特点及其营销策略

典型的产品生命周期的 4 个阶段呈现出各自不同的市场特点，企业的营销策略也就以各阶段的特点为基础来制定和实施。旅游产品生命周期各阶段的特点与营销目标如表 4-1 所示。

表 4-1　旅游产品生命周期各阶段的特点与营销目标

	介绍期	成长期	成熟期	衰退期
销售量	低	剧增	最大	衰退
销售速度	缓慢	快速	减慢	负增长
成本	高	一般	低	回升
价格	高	回落	稳定	回升
利润	亏损	提升	最大	减少
顾客	创新者	早期使用者	中间多数	落伍者
竞争者	很少	增多	稳中有降	减少
营销目标	建立知名度，鼓励试用	最大限度地占有市场	保护市场，争取最大利润	压缩开支，榨取最后价值

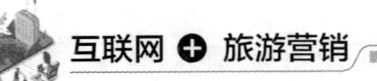

（1）介绍期的营销策略。

介绍期的特征是产品销量少，促销费用高，制造成本高，销售利润很低，甚至为负值。根据这一阶段的特点，企业应努力做到：投入市场的产品要有针对性；进入市场的时机要合适；设法把销售力量直接投向最有可能的购买者，使消费者尽快接受该产品，扩大市场份额，以缩短介绍期，更快地进入成长期。

在产品的介绍期，由于产品促销费用高，价格难以抉择。结合价格和促销两方面来考虑，有以下4种策略。

快速撇脂策略，即以高价格、高促销费用推出新产品。实行高价策略可在单位产品销售额中获取最大利润，尽快收回投资；高促销费用能够快速建立产品知名度，占领市场。实施这一策略须具备以下条件：产品有较大的需求潜力；目标顾客求新心理强，急于购买新产品；企业面临潜在竞争者的威胁，需要及早树立品牌形象。一般而言，在产品介绍阶段，只要新产品比替代的产品有明显的优势，市场对其价格就不会那么敏感。

缓慢撇脂策略，即以高价格、低促销费用推出新产品，目的是以尽可能低的费用开支求得更多的利润。实施这一策略的条件是：市场规模较小；产品已有一定的知名度；目标顾客愿意支付高价格；潜在竞争的威胁不大。

快速渗透策略，即以低价格、高促销费用推出新产品。目的在于先发制人，以最快的速度打入市场，取得尽可能大的市场占有率。然后再随着销量和产量的扩大，使单位成本降低，取得规模效益。实施这一策略的条件是：该产品市场容量相当大；潜在消费者对产品不了解，并且对价格十分敏感；潜在竞争较为激烈；产品的单位制造成本可随生产规模和销售量的扩大迅速降低。

缓慢渗透策略，即以低价格、低促销费用推出新产品。低价扩大市场，低促销费用，可降低营销成本，增加利润。这种策略的适用条件是：市场容量很大；市场上该产品的知名度较高；市场对价格十分敏感；潜在的竞争者很少，或者威胁很小。

（2）成长期市场营销策略。

新产品经过市场介绍期以后，消费者对产品已经熟悉，消费习惯已经形成，销售量迅速增长，这时新产品就进入成长期。进入成长期以后，老顾客重复购买，并且带来新的顾客，销售量迅速增长，企业利润也迅速增长，在这一阶段利润达到高峰。随着销售量的增大，企业生产规模也逐步扩大，产品成本逐步降低，新的竞争者也会加入竞争。随着竞争的加剧，新的产品特性开始出现，产品市场开始细分，分销渠道增加。企业为维持市场的继续增大，需要继续增加促销费用，但由于销量增加，平均促销费用有所下降。针对成长期的特点，企业为维持其市场销售量和利润的迅速增长，可以采取以下几种策略。

改善产品品质。例如，增加新的功能，改变产品款式，发展新的型号，开发新的用途等。对产品进行改进，可以提高产品的竞争能力，满足顾客更广泛的需求，吸引更多的顾客。

寻找新的细分市场。通过市场细分，找到尚未满足的新的细分市场，根据其需要组织生产，迅速进入这一新的市场。

改变广告宣传的重点。把广告宣传的重心从介绍产品转到建立产品形象上来，树立产品品牌，维系老顾客，吸引新顾客。

适时降价。在适当的时机，可以采取降价策略，以激发那些对价格比较敏感的消费者产生购买动机和采取购买行动。同时适时降价也可以"一箭双雕"，既能够通过降价扩大市场，又可以打击竞争对手。

（3）成熟期市场营销策略。

进入成熟期以后，产品的销售量和利润都将经历增长缓慢，逐步达到最高峰，然后缓慢下降的过程；市场竞争非常激烈，各种品牌、各种款式的同类产品不断出现。

对成熟期的产品，宜采取主动出击的策略，延长成熟期，或者使产品生命周期出现再循环。为此，可以采取以下三种策略。

市场调整。这种策略不是要调整产品本身，而是发现产品的新用途、寻求新的用户或改变营销方式等，使产品销售量得以扩大。

产品调整。通过产品自身的调整来满足顾客的不同需要，吸引有不同需求的顾客。整体产品概念的任何一个层次的调整都可视为产品再推出。

市场营销组合调整。即通过对产品、定价、渠道、促销 4 个市场营销组合因素加以综合调整，刺激销售量的回升。常用的方法包括降价、提高促销水平、扩展分销渠道和提高服务质量等。

（4）衰退期市场营销策略。

衰退期的主要特点是：产品销售量急剧下降；企业从这种产品中获得的利润也急剧减少；大量的竞争者退出市场；消费者的消费习惯已发生改变等。面对处于衰退期的产品，企业需要进行认真的研究分析，决定采取什么策略，在什么时间退出市场。通常有以下几种策略可供选择。

继续策略。继续沿用过去的策略，仍按照原来的细分市场，使用相同的分销渠道、定价及促销方式，直到这种产品完全退出市场为止。

集中策略。把企业能力和资源集中在最有利的细分市场上，从中获取利润。这样既有利于缩短产品退出市场的时间，又能为企业争取更多的利润。

收缩策略。抛弃无希望的顾客群体，大幅度降低促销水平，尽量减少促销费用，以增加目前的利润。这样可能导致产品在市场上的衰退加速，但也能从忠实于这种产品的顾客中得到利润。

放弃策略。对于衰退比较迅速的产品，应该当机立断，放弃经营。可以采取完全放弃的形式，如把产品完全转移出去或立即停止生产；也可采取逐步放弃的方式，使其所占用的资源逐步转向其他的产品。

案例：老年游客团队体验温泉旅游产品

我们要组织中老年游客团队去体验温泉旅游产品，就不能像其他旅行社一般，简单地打出"天然温泉洗浴"的口号。相反，我们应该将温泉概念进行深度包装，在活动前、活动中和活动后反复宣传温泉洗浴养生的原理，可以向游客们讲述：温泉能舒缓身体疼痛，促进身体胶原组织的延展，强化关节活动和血液循环，促进新陈代谢。

当然，我们还可以进一步分析温泉水的物理作用，主要包括温泉水的浮力、静水压力和温度。其中，浮力作用能够减轻身体（尤其是双脚）的长期受重疲劳，还能够有效提供肌肉支撑，从而降低中老年人特有的肌肉紧张度，并能对肌肉关节疼痛和精神压力紧张起到舒缓作用。

此外，演讲师和营销人员，还可以结合不同中老年游客的特点，做出相应提醒。例如，对75岁以上的老人，我们就建议不要参加泡温泉，如果游客患有急性疾病、心脑血管疾病，也不应该泡温泉。那些年龄许可，但血糖和血压有一点小问题的老人，泡温泉要适可而止。

我们还要提醒他们，在泡温泉过程中，必须随时留意身体的状况，如果

有不适就要立即停止。使用类似知识普及的手法，旅游产品中就能多一些人文理念，又贴合对方切身感受，具有更强的吸引力。

第三节 旅游新产品开发

1. 旅游新产品的概念及分类

营销学中所说的新产品可以从市场和企业两个角度来认识。对旅游目标市场而言，第一次推出的旅游产品是新产品；对旅游企业和旅游产品销售平台而言，第一次推出和销售的旅游产品和线路也是新产品。

新产品的含义，首先要从产品整体的概念上来理解，可以说，新产品并不一定是新发明的产品。固然，市场上出现的前所未有的崭新的产品是新产品。例如，现在很多高端酒店推出的管家服务、儿童托管服务等，都是传统酒店服务业所没有的。又如，凯悦酒店集团采用"一触即可"的自助登记系统；香港文华怡东酒店在大厅里开设了一个为已经预订的商务散客和 VIP 客人办理入住手续的快速服务处；一些酒店在接机的车辆上开设了"移动总台"。这些做法都提高了入住登记的效率，并使自己与众不同。由此可见，新产品的"新"，具有相对意义。

其次，可以从市场与顾客的角度来确认新产品。例如，有些产品尽管在世界上早已出现，但从来没有在某个地区出售过，那么对这个地区市场来

说，它就是新产品。这样一种关于新产品的理解，对于出口销售具有重要意义。

最后，从生产和销售企业的角度看，凡是本企业从来没有生产和销售过的产品，而标上企业的品牌或商标的，也可以说是新产品。

综上所述，我们认为，从企业营销意义上看，所谓新产品是在功能、形态上得到改进或与原有产品有一定差异的，具有吸引顾客新价值的产品。

旅游新产品从不同角度或按照不同的标准有多种分类方法。常见的分类方法有以下几种。

（1）从市场和技术角度分类。

从市场和技术角度，可将新产品分为市场型和技术型新产品两类。

① 市场型旅游新产品是指产品实体的主体和本质没有变化，只改变包装、设计或延伸出新子品牌的产品，不需要使用新的技术。其中也包括因营销手段和要求的变化而引起消费者"新"的感觉的流行产品。例如，产品变换新的包装，它们刚出现时也被认为是市场型的新产品。

② 技术型新产品，是指由于科学技术的进步和工程技术的突破而产生的新产品。不论是功能，还是质量，它与原有的类似功能的产品相比都有了较大的变化。

（2）按新产品新颖程度的不同分类。

按新产品新颖程度的不同，可将新产品分为全新新产品、换代新产品、改进新产品、仿制新产品和新牌子产品。

① 全新新产品，是指采用新原理、新材料及新技术制造出来的前所未有的产品。全新新产品往往对整个行业和市场都是一个新突破。例如，1855年，托马斯·库克组织了从英国伦敦前往法国巴黎的旅游，这是第一次真正

意义上的出国包价旅游；1955 年推出的迪士尼乐园是世界上第一个主题公园；20 世纪初的斯塔特勒饭店是第一个每个房间都带有卫生间的饭店，也是现代标准间的雏形。

② 换代新产品，是指在原有产品的基础上采用新技术、新服务流程、新用途、满足新需求的产品。它的开发难度较全新新产品小，是目前旅游企业进行旅游新产品开发的重要形式。

③ 改进新产品，是指在材料、构造、性能和包装等某一个方面或几个方面，对市场上现有产品进行改进，以提高质量或实现多样化，满足不同消费者需求的产品。它的开发难度不大，也是企业产品发展经常采用的形式。例如，酒店使用智能马桶，使游客的酒店居住体验大大提升；又如，酒店使用智慧门锁系统，游客可以用手机接收门锁密码，比原来的电子门锁更为便捷、安全和美观。换代新产品对于市场和企业来说，都是中等程度的创新。

④ 仿制新产品，是指对市场上已有的新产品在局部进行改进和创新，但保持基本原理和结构不变而仿制出来的产品。落后国家对先进国家已经投入市场的产品的仿制，有利于填补国家生产空白，提高企业的技术水平。在生产仿制新产品时，一定要注意知识产权的保护问题。

⑤ 新牌子产品，是指在对产品实体微调的基础上改换产品的品牌和包装，带给消费者新的消费利益和新的满足的产品。

（3）按新产品的区域特征的不同分类。

按新产品的区域特征的不同，可将新产品分为国际新产品、国内新产品、地区新产品和企业新产品。

① 国际新产品，是指在世界范围内首次生产和销售的产品。

② 国内新产品，是指在国外已经不是新产品，但在国内还是第一次生产

和销售的产品。

③ 地区新产品和企业新产品，是指国内已有，但在本地区第一次生产和销售的产品。

2. 开发新产品的程序

开发新产品是一项十分复杂而风险又很大的工作。为了减少新产品的开发和推广成本，取得良好的经济效益，必须按照科学的程序来进行新产品开发。开发新产品的程序因旅游企业的性质、产品的复杂程度、技术难度和企业能力的差别而有所不同。一般来说，要经历新产品构思、筛选构思、概念形成和测试、初拟营销计划、商业分析、市场试销和商业化正式上市推广 7 个阶段。

（1）新产品构思。新产品构思是指新产品的构想或新产品的创意。企业要开发新产品，就必须重视寻找创造性的构思。构思的来源很多，主要有以下 4 个方面。

① 旅游消费者。开发旅游产品是为了满足消费者的需求，因此顾客的需求是新产品构思的重要来源。了解消费者对现有产品的意见和建议，掌握消费者对新产品的期望，便于产生构思的灵感。

② 旅游企业员工。旅游企业员工最了解旅游产品的基本性能，也最容易发现新产品的不足之处，他们的改进建议往往是企业新产品构思的有效来源。

③ 竞争对手。分析竞争对手的旅游新产品特点，可以找到自己企业产品与竞争对手产品的差距，从而对企业产品进行改进。

④ 其他来源。可作为新产品构思来源的其他渠道比较多，如大学、市场研究公司、广告公司、咨询公司、新闻媒体等。

（2）筛选构思。这一阶段是将前一阶段收集的大量新产品构思进行评估，研究其可行性，尽可能地发现和放弃错误的或不切实际的构思，以避免资金的浪费。筛选构思一般分两步。第一步是初步筛选，首先根据旅游企业目标和资源条件评价市场机会的大小，从而淘汰那些市场机会小或企业无力实现的构思；第二步是仔细筛选，即对剩下的构思利用加权平均评分等方法进行评价，筛选后得到旅游企业所能接受的产品构思。

（3）概念形成和测试。旅游产品概念的形成是指企业从旅游消费者角度对产品构思所做的详尽描述。企业必须根据消费者对产品的要求，将形成的产品构思开发成产品概念。通常，一种产品构思可以转化为许多种新产品概念。旅游企业对每一个产品概念，都需要进行市场定位，分析它可能与现有的哪些产品产生竞争，以便从中挑选出最好的产品概念。

（4）初拟营销计划。产品概念确定后，企业就要拟订一个初步的市场营销计划，并在以后阶段不断发展完善。

（5）商业分析。商业分析是指对新产品的销售额、成本和利润进行的分析。如果能满足企业目标或可行性较强，那么该产品就可以进入产品的开发阶段。

（6）市场试销。新产品开发出来后，一般要选择一定的市场区域进行试销，注意收集产品本身、消费者及中间商的有关信息，以便有针对性地改进产品，调整市场营销组合，并及早判断新产品的成效。值得注意的是，并不是所有的新产品都必须经过试销，通常是选择性大的新产品需要进行试销，选择性小的新产品不一定试销。

（7）商业化正式上市推广。如果新产品的试销推广成功，企业就可以将新产品大批量投产，推向市场。要注意研究选择适当的投放时机和地区、市场销售渠道及销售促进策略。

3. 新产品市场扩散

所谓新产品市场扩散，是指新产品上市后随着时间的推移不断被越来越多的消费者所采用的过程。

（1）新产品的创新特征对市场扩散的影响。

① 创新产品的相对优点。

② 创新产品的适应性。

③ 创新产品的简易性。

④ 创新产品的明确性。

（2）消费者采用新产品的程序。

消费者接受新产品的规律一般表现为以下5个重要阶段。

认知→兴趣→评价→试用→正式采用。

① 认知。这是个人获得新产品信息的初始阶段。很明显，人们在此阶段所获得的情报还不够系统，只是一般性的了解。

② 兴趣。消费者不仅认识新产品，并且对其产生兴趣，会积极地寻找有关资料，并进行对比分析，研究新产品的具体功能、用途、使用等问题。如果这些方面均较满意，将会产生初步的购买动机。

③ 评价。这一阶段消费者主要权衡采用新产品的边际价值。例如，采用新产品可获得收益和可能承担风险的比较，经过比较分析形成明确认

识，做出判断。

④ 试用。顾客开始小规模地试用创新产品。通过试用，顾客开始正式评价自己对新产品的认识及购买决策的正确性如何。

⑤ 正式采用。顾客通过试用，收到了理想的使用效果，就会放弃原有的产品形式，完全接受新产品，并开始正式购买、重复购买。

（3）消费者的个性差异与新产品扩散。

在新产品的市场扩散过程中，由于社会地位、消费心理、消费观念、个人性格等多个因素的影响，导致不同顾客对新产品接受快慢程度不同。如果企业善于分析顾客对新产品的反应差异，那么就有利于加快新产品的市场扩散。美国学者罗杰斯在对新产品扩散过程的研究中发现，某些人性格上的差异是影响消费者接受新技术和新产品的重要因素。就消费品而言，罗杰斯按照顾客接受新产品的快慢程度，把新产品的采用者分为 5 种类型，如图 4-3 所示。

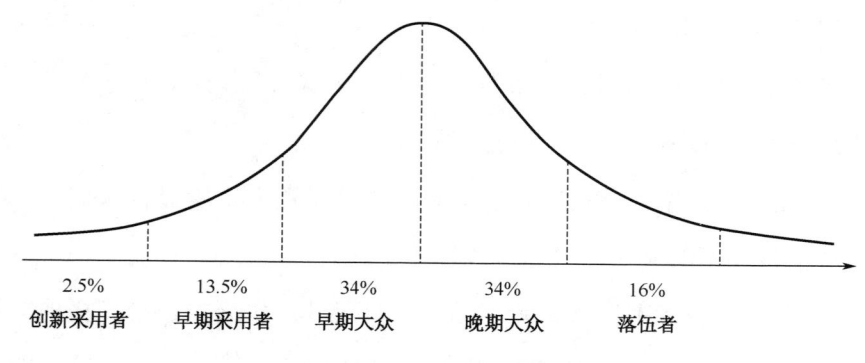

2.5%	13.5%	34%	34%	16%
创新采用者	早期采用者	早期大众	晚期大众	落伍者

图 4-3　新产品扩散采用过程（罗杰斯模式）

① 创新采用者（Innovators）。该类采用者约占全部潜在采用者的 2.5%。通常富有个性，受过高等教育，勇于革新冒险，性格活跃，消费行为很少听取他人意见，经济宽裕，社会地位较高，广告等促销手段对他们有很

大的影响力。这类消费者是企业投放新产品的极好目标。

② 早期采用者（Early adopters）。早期采用者是第二类采用创新的群体，占全部潜在采用者的 13.5%。一般也接受过较高水平的教育，年轻富于探索，对新事物比较敏感，并且有较强的适应性，经济状况良好，对早期采用新产品具有自豪感。这类消费者对广告及其他渠道传播的新产品信息很少有成见，促销媒体对他们有较大的影响力。但与创新者比较，他们一般持较为谨慎的态度。这类顾客是企业推广新产品的极好目标。

③ 早期大众（Early majority）。这类采用者的采用时间较平均采用时间早，占全部潜在采用者的 34%。一般保守思想较少，接受过一定的教育，有较好的工作环境和固定的收入；对社会中有影响的人物，特别是自己所崇拜的"舆论领袖"的消费行为具有较强的模仿心理；他们不甘落后于潮流，但由于特定的经济地位所限，在购买高档产品时，一般持非常谨慎的态度，经常是在征询了早期采用者的意见之后才采纳新产品。但早期大众和晚期大众构成了产品的大部分市场。因此，研究他们的心理状态、消费习惯，对提高产品的市场份额具有现实意义。

④ 晚期大众（Late majority）。这类采用者的采用时间较平均采用时间稍晚，占全部潜在采用者的 34%。较晚跟上消费潮流的人，其工作岗位、受教育水平及收入状况往往比早期大众略差；他们对新事物、新环境多持怀疑态度，对周围的一切变化持观望态度；他们的购买行为往往发生在产品成熟阶段。

⑤ 落伍者（Laggards）。这类采用者是采用创新的落伍者，占全部潜在采用者的 16%。这些人受传统思想束缚很深，思想非常保守，怀疑变化，对新事物、新变化多持反对态度，固守传统消费行为方式。因此，他们在产品

进入成熟期后期甚至衰退期才能接受产品。

案例：旅行社美容美体旅游新产品概念

鉴于女性旅游者已经成为旅游者中的重要组成部分，而爱美是女性的一个重要生活追求，因此，某旅行社形成了一个旅游产品构思，即女性美容美体旅游产品。旅行社将女性群体根据其对美容美体产品使用情境的不同划分成三个不同的群体：即将结婚的女性婚前美容、女性在就业前的职业准备和职业白领女性的年度活动。相应地延伸出三种不同的旅游产品概念，具体如下。

一是为即将结婚的女性在婚前一个月左右的时间提供美容美体旅游产品，使这些女性能够成为"最美丽的新娘"，纪念单身。

二是为即将毕业，并准备进行角色转变的大学生提供的美容美体产品，使他们能够更加自信地迎接各种面试，获得工作，或者更快地适应工作环境。

三是为白领女性提供一年一度善待自己，给自己的容貌和身体进行"充电"的旅行活动，帮助白领更加自信地投入工作，迎接挑战。

鉴于大学毕业生在支付能力上受到一定的制约，与该旅游产品所需要的较高费用不符合，旅行社排除了第二种产品定制的可能性。第一种产品概念在观念和费用上可能最容易被接收，但是由于准新娘可能时间比较紧张，而且新婚后马上就要蜜月旅行，可能有比较大的阻力。因此，将第三个旅游概念确定为本次开发时的旅游产品概念，并在此基础上进行了产品内容的设计和价格的预测。

概念测试是将成型的新产品概念传递到其目标顾客群体中进行检验，从而帮助企业了解顾客对这个概念是否理解、认同、有购买意愿；顾客对该产品的竞争产品或替代产品如何看待，产品是否具有优越性；顾客对产品价格等方面的属性有何要求；新产品概念是否需要进行调整等。有效的概念测试能够在正式开发前就发现新产品可能存在的问题，从而避免盲目进行新产品开发所导致的高成本和高风险，因而是新产品开发过程中非常重要的环节。但是在营销实践中，真正进行这种概念测试的企业比较少。

第五章

旅游产品价格策略

第一节 旅游产品定价因素

1. 旅游产品定价目标

旅游产品的定价目标是指旅游企业通过制定及实施价格策略所希望达到的预期目标。旅游企业定价的目标主要有：以维持经营为定价目标；以利润为定价目标；以提高市场占有率为定价目标；以稳定价格为定价目标。

（1）以维持经营为定价目标。

企业只有在遇到生产大量过剩，竞争过度激烈，或者试图改变消费者需求等一些特殊情况下才会选择维持生存经营这种定价目标。在这种情况下，为了确保企业持续经营或使企业的存货能够销售出去，企业往往制定较低的价格，通过价格策略来维持企业的正常经营活动。此时，与企业生存相比，利润对于企业来说是次要的。然而，对于以盈利为最终目的的企业，选择这种定价策略并非长久之计，它只能解决企业所面临的短期问题。如果企业不在生产经营中学习如何增加企业价值，则该企业必将面临破产的局面。

（2）以利润为定价目标。

企业以获取最大利润为定价目标。最大利润是指企业在一定时期内可能并准备实现的最大利润总额。利润目标是企业定价目标中的一个重要组成部分，实现最大利润通常是每个企业的最大愿望。企业在一定时期内，综合考

虑市场竞争、消费需求量等因素后，以总收入减去总成本的最大差额为基点，确定单位商品价格，以获取最大利润。

选择这一目标并不意味着制定高价，因为适当地降低价格会导致销售量的增加，从而引起收入和利润的增加。如果一个企业能够较为准确地确定需求和成本函数，则能够制定一个合适的价格来实现当期利润最大化的定价目标。

（3）以提高市场占有率为定价目标。

市场占有率又称市场份额，是指企业的销售额占整个行业销售额的百分比。市场占有率是企业经营状况和企业产品竞争力的直接反映。市场占有率的高低对企业的生存和发展具有重要的意义。

降价往往是提高市场占有率的一个重要手段，因为较低的价格更容易吸引顾客购买，而消费者大量购买商品所产生的规模经济效应又可能降低单位的成本。

（4）以稳定价格为定价目标。

稳定的价格通常是大多数企业获得一定目标收益的条件，这一目标的实质是通过本企业产品的定价来左右整个市场的价格，避免不必要的价格波动。运用稳定价格这一定价目标，可以使市场价格在一个较长的时期内保持相对稳定，减少企业的经营风险，以及由于价格竞争导致的企业损失。为达到稳定价格的目的，通常情况下由在行业中处于领导地位的企业先制定一个价格，其他企业的价格则与之保持一定的距离或比例关系。现在已经有越来越多的企业愿意选择使用这一定价目标，特别是一些强调以非价格竞争代替价格竞争的企业。因为对于大企业来说，稳定的价格减少了对它们已拥有的市场占有率的威胁。对中小企业来说，稳定的价格可以使它们的利润得到保障。

第二节 旅游产品定价方法

1. 成本导向定价法

成本导向定价法是指以成本为依据来制定价格的方法。成本导向定价法的特点是简单、容易操作。因此，在实际的工作中得到了较广泛的运用。成本导向定价法主要包括成本加成定价法和目标收益定价法两种具体的方法。

旅游产品在生产和流通过程中需要消耗一定数量的物力、劳动成本，这就是我们经常所说的旅游产品的成本。

（1）成本加成定价法。

成本加成定价法是指按照单位成本加一定百分比的加成来制定产品销售价格的方法。加成是指一定比率的利润，一般选用企业的目标利润率。其计算公式如下。

$$P=C(1+R)$$

其中，P——商品的单价。

C——商品的单位总成本。

R——商品的加成率。

使用这种方法计算价格时，关键是确定商品的单位总成本和商品的加成

率。成本加成定价法被普遍使用的原因有三点：一是成本的不确定性一般比需求少；二是只要同一行业的所有企业都采用这种定价方法，它们的价格将趋于相同，价格竞争的变数也较少；三是人们觉得成本加成定价法对买卖双方都比较公平，尤其是买方需求强烈时，卖方没有利用这一有利条件谋求额外的利益，而是仍然能够较为公平地进行交易。

（2）目标利润定价法。

目标利润定价法又称盈亏平衡定价法，是指根据估计的总销售收入和估计的产量来制定价格的一种方法。目标利润定价法使用损益平衡图来进行分析。如图 5-1 所示，损益平衡图描述了在不同销售水平上预期的总成本和总收入。

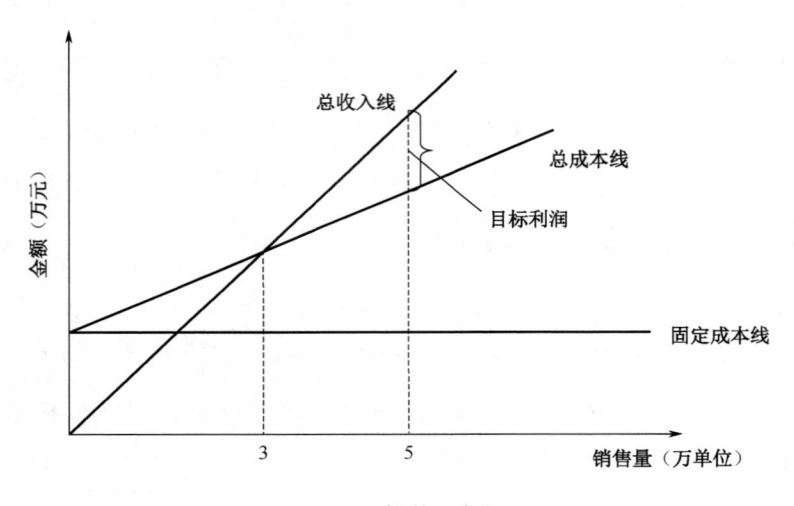

图 5-1　损益平衡图

例如，酒店客房中的顾客使用的一次性用品、客房的水电费等，当酒店没有把客房销售出去时，这些费用是不会产生的；酒店每多销售一间客房，这些费用就按一定的数额增加。不同行业的固定成本和变动成本的比例结构

有很大的差别。例如，酒店和主题乐园等通常在建设时就投入大量的成本，属于高固定成本比例的行业；而旅行社由于并不需要太多的设备、场地，因此初期投入比较小，但是变动成本的比例比较高。

2. 需求导向定价法

需求导向定价法是指根据市场需求状况和消费者对产品的感觉差异来确定价格的定价方法。该定价法的特点是企业的定价随消费者需求的变化而变化，与成本因素关系不大。这一方法非常符合现代市场营销观念中以消费者需求为中心的营销理念。

需求导向定价法主要包括认知价值定价法和反向定价法。

（1）认知价值定价法。

认知价值定价法是指根据消费者对企业所提供的商品价值的主观评价来制定价格的方法，即企业所提供的商品在消费者心目中值多少钱。如果企业对商品的定价高于消费者对商品的评价，企业将面临商品滞销的风险；如果企业对商品的定价低于消费者对商品的认知和评价，就有可能引起消费者大量购买的情形，但是同时企业也失去了获得更多利润的机会。因此，企业在定价时往往希望商品的定价与消费者心目中期望的价格尽量吻合，以最大限度地获得消费者剩余价值，达到企业利润最大化的目标。

认知价值定价法的关键有两点：如何准确测定消费者感受价值的程度，以及如何利用营销策略来影响消费者的感受价值。这就要求企业必须对商品进行广泛的市场调研，充分了解市场上消费者的需求偏好，根据其所销售的商品的质量、性能、用途、品牌、服务等多方面因素来判定消费者对商品的价值认知程度。

（2）反向定价法。

反向定价法是指企业依据消费者能够接受的最终销售价格，计算自己从事经营的成本和利润后，逆向推算出商品批发价和零售价的方法。这种定价方法不以实际成本为主要依据，而以市场需求为定价出发点，力求使价格为消费者所接受。分销渠道中的批发商和零售商多采用这种定价方法。

反向定价法的特点是：价格能反映市场需求状况；有利于加强与中间商之间的良好关系，保证中间商的正常利润，使产品迅速向市场渗透；并可根据市场供求情况及时调整、定价比较简单灵活。这种定价方法特别适用于需求价格弹性大，品种多，产品更新快，市场竞争激烈的商品。

案例：Priceline——反向定价法成就商旅"大佬"

提起 Priceline，或许很多中国消费者并不熟悉，但经常出国旅游的中国游客都知道在线预订网站 Booking、Agoda 等，而这些网站都隶属于 Priceline。作为国际 OTA 巨头、美国最大的基于 C2B 商业模式的旅游服务网站，Priceline 的业务涵盖机票、酒店、租车、旅游保险等诸多旅游服务内容。

从 1998 年创立至今，Priceline 已经成为全球最大的 OTA 企业，目前旗下拥有 6 大主要品牌 Booking.com、priceline.com、Agoda.com、KAYAK、rentalcars.com 及 OpenTable。2016 年，Priceline 的营业收入已经达到 107 亿美元，净利润超过 23.3 亿美元，市场规模是中国最大 OTA 企业携程的 5 倍。

Priceline 的成功可以归功于它独树一帜的"Name Your Own Price"策略，这是一种 C2B 的反向定价模式。Priceline 模式的原理是：产品越接近保质期，使用价值就越小，从机票或酒店行业来看，临近登机或入住的实际价值变小，一旦飞机起飞或客房空置超过夜里 24 点，价值便会为零。而 Priceline 网站让消费者报出要求的酒店星级、所在城市的大致区域、日期和价格，Priceline 从自己的数据库或供应商网络中寻找到合适价格的房间并出售，返回一个页面告知此价格是否被接受，之后进行交易。目前，"租车""旅游保险"也在其业务之中。

当有些商务散客既需要控制预算，又有高性价比的住宿需求时，这种由消费者定价的独特模式就起到了作用。反向定价的具体操作即由客人报出城市、时间、入住酒店标准和愿意支付的价格，例如，一名商旅客人需要一家定位为五星级的酒店，为此愿意支付 100 美元一夜的价码，这个产品还需要包含早餐，当商旅客人将这个信号发出后，就等待是否有商家接单，一旦接单，则客户在线支付，那么对于客户而言，就得到了性价比颇高的酒店产品。

在让商旅客人得到实惠的同时，酒店从业者也得到了商业价值。旅游业是一个淡旺季非常分明的行业，当处于淡季或平日客房未满时，闲置的客房价值无法被体现，与其空闲，还不如将这些客房低价出售，这样既可以提升酒店入住率，也可以增加客房收益。因此，Priceline 的反向定价等于为酒店从业者打开了吸引购买"尾单"客房的客源，将酒店客房收益率最大化。同时，商旅客源要将信用卡信息提交后才能提交购买条件，这种交易是不可反悔、不可取消的。因此，对酒店而言是一笔直接交易，即便最终该客人并未入住，酒店方也已经收到了款项且无须退回。

此外，Priceline 上没有报价信息，商旅客人只知道最终成交价和星级、

地理位置，这种方式起到保护酒店方的作用，毕竟过低的价格会拉低酒店的品牌定位，对一些高星级或看重品牌定位的酒店而言，不能公开过低的销售价格，但其实这类酒店也需要将闲置客房售出，Priceline 这种不公开酒店报价信息的反向定价模式也保护了酒店品牌，算是"里子和面子"都顾及到了。

（3）竞争导向定价法。

竞争导向定价法是指以市场上竞争对手的同类产品价格作为主要依据的定价方法。企业定价时，主要考虑竞争对手的产品价格。如果竞争对手的价格变了，即使本企业产品成本与需求量没有发生变化，也要随之改变产品价格；如果竞争对手的价格没有发生变化，即使本企业产品成本或需求发生了变化，也不应该改变价格。竞争导向定价要以提高产品的市场占有率为目的，制定有利于企业获胜的竞争价格。在具体运用中，竞争导向定价法常用的方法是随行就市定价法。

随行就市定价法是指企业根据同行业平均价格或同行业中实力最强竞争者的产品价格制定本企业产品价格的定价方法。随行就市定价的优点：一是在成本接近、产品差异较小、交易条件基本相同的情况下，采用随行就市的定价方法可以保证各个企业获得平均利润；二是各企业价格保持一致，有利于与同行竞争者和平相处，避免价格战和竞争者之间的报复，也有利于在和谐稳定的气氛中促进整个行业的稳定发展；三是在竞争激烈、市场供求复杂的市场状况下，单个企业不易于了解消费者和竞争者对价格变化的反应程度，采用随行就市定价方法既可以节约企业的经费，又避免了因价格波动而带来的风险，是企业认为的一种较为稳妥的定价方法。

案例：旅游景区（点）借助价格听证会调整价格

2015 年是国家发改委规定的旅游景区票价三年一调整的"解禁"年，全国一批 4A 级以上景区宣布涨价或即将涨价。以四川省为例，某野生动物园将票价从 150 元调至 180 元，上涨幅度达 20%。有业内人士认为，只要有景区带头，其他景区的票价便有涨价的"冲动"，以应对三年来包括人员工资在内的各种成本的上涨。

如今景区每过三年就涨价，早已不再是新闻。留给老百姓和广大游客的答案只能是什么时候涨，以及涨多少。更让人感觉无力的是，如果相关制度不变，当下一个三年到来抑或是六年之后，我国各景区的门票价格仍然会不停上涨。结果只能是无休止地涨价，让老百姓的旅游支出成本越来越高。

造成景区价格不断上涨的根本原因在于，公共资产的营利化，旅游资源的公司化，以及地方政府追逐 GDP 和利润的最大化。直接原因是，在价格形成的机制上，目前我国政府执行的是"景区门票政府定价制度"。因为政府定价，所以旅游市场长期处于半计划半市场的状态下。景区每过三年就涨价只是旅游市场半计划状态下的市场反馈。

具体来说，我国景区政府指导定价制度形成于 2007 年。当时，相关部门发布了《关于进一步做好当前游览参观点门票价格管理工作的通知》。除明确"旅游景区门票价格的调整频次不低于三年"之外，还规定了"三年后的涨幅"：门票价格在 50 元以下的，一次提价幅度不得超过原票价的 35%；50～100 元的，一次提价幅度不得超过原票价的 30%；门票价格 100～200 元的，一次提价幅度不得超过原票价的 25%；门票价格 200 元以上的，一次提价幅度不得超过原票价的 15%。

自 2013 年 10 月开始实施的《中华人民共和国旅游法》（以下简称《旅游法》），明确规定了"听证会"程序，具体内容是，"利用公共资源建设的景区的门票，以及景区内的游览场所、交通工具等另行收费项目，拟收费或者提高价格的，应当举行听证会，征求旅游者、经营者和有关方面的意见，论证其必要性、可行性"。因此，景区涨价是报批发改委和物价部门，还是通过开听证会走民主程序，就有了两种说法。

旅游景区（点）价格听证会是一个可以通向公平正义的程序。因此，严格落实《旅游法》中所规定的听证会制度，应该是当下旅游部门、发改委和物价部门必须要做的重要工作。[①]

第三节 旅游产品定价策略

旅游产品定价策略是指旅游企业根据市场中不同变化因素对商品价格的影响程度采用不同的定价方法，制定出适合市场变化的商品价格，进而实现目标的企业营销策略。

1. 新产品定价策略

新产品定价有以下两种策略。

（1）撇脂定价。

撇脂定价是指在产品生命周期的最初阶段，把产品的价格定得很高，以

---

① 资料来源：人民政协网。

获取最大利润的一种定价方法，就像从鲜奶中撇取奶油一样。企业之所以能这样做，是因为有些购买者主观认为某些商品具有很高的价值。从市场营销实践中，具有以下4种特点的企业适合采用撇脂定价法。

① 市场上有足够的购买者，他们的需求缺乏弹性，即使把价格定得很高，市场需求也不会大量减少。

② 高价使需求减少一些，因而产量减少一些，单位成本增加一些，但这不会抵消高价所带来的收益。

③ 高价情况下，仍然独家经营，别无竞争者。例如，有专利保护的产品。

④ 某种产品的价格定得很高，使人们产生这种产品是高档产品的印象。

撇脂定价策略的优点如下。

① 企业能迅速实现预期盈利目标，掌握市场竞争和新产品开发的主动权。

② 短期内能获得高额利润，掌握调价的自主权。

③ 有利于树立名牌产品的形象。

撇脂定价策略的缺点如下。

① 高价所带来的高利润必然会引起更多竞争者的加入。

② 市场推广速度较慢，不利于获得最大的市场占有率。

为了克服上述两大缺点，企业往往会采用大量投入广告和在适当时机降价的方法，来扩大市场份额，限制竞争者的进入。

（2）渗透定价。

渗透定价是指企业将其创新产品的价格定得相对较低，以吸引大量顾客，提高市场占有率的一种定价方法。在市场营销实践中，具有以下三种特点的企业适合采用渗透定价法。

① 市场需求对价格极为敏感，低价会刺激市场需求迅速增长。

② 企业的生产成本和经营费用会随着生产经营经验的增加而下降。

③ 低价不会引起实际和潜在的竞争。

渗透定价法的优点如下。

① 能迅速打开市场，提高企业产品的市场占有率。

② 低价薄利不会导致竞争者的加入。

渗透定价法的缺点如下。

① 低价薄利投资回收期较长。

② 不利于企业形象的树立。

③ 有可能导致反倾销的报复。

2. 折扣定价策略

（1）数量折扣。

数量折扣是指给予那些购买数量较多的客户价格减让的一种定价方法。数量折扣有一次性购买数量折扣和一定时期内累计购买数量的折扣。例如，很多旅游企业和大客户企业之间签订大客户协议，给予大客户企业数量优惠；有的旅游景区给予旅行社门票的折扣力度往往比单个旅客购买的优惠力度要大一些。

（2）现金折扣。

现金折扣是指企业为鼓励买方提前付款，依据买者付款时间的早晚给予一定比例的价格折扣的一种定价方法。例如，销售合同上注明"2/10，信用净期 30"，表示买方应在 30 日内付清所有货款，如在 10 日内付清，可以折扣 2%。这类折扣必须向所有符合条件的客户提供。现金折扣已经成为许多

行业的惯例，主要是为了提高销售商的现金流量，减少收回欠款的成本，避免坏账的出现。

（3）季节折扣。

季节折扣是指企业给予那些购买过季商品或服务的客户一定折扣的一种定价方法，这种方式使企业的生产和销售在一年四季都保持相对稳定，使企业的各种资源在各个时期都能够得到很好的利用。例如，滑雪旅游景区会在春夏季节给予游客季节折扣；又如，许多酒店、航空公司在营业淡季会给顾客提供季节折扣价格等。

（4）价格折让。

价格折让可以理解为一种变相的价格减让。例如，以旧换新折让是在消费者购买某种新产品的同时交回旧产品而给予的一种减价。

上面介绍了价格折扣和折让的主要类型，下面介绍影响这些折扣和折让策略的主要因素。

竞争对手及联合竞争的实力。市场中同行业竞争对手的实力强弱会威胁到折扣与折让定价的效果。一旦企业间竞相折价，那么必然会造成要么两败俱伤，要么一方被迫退出竞争市场的结果。

折扣与折让的成本均衡性。销售中的折价并不是简单地遵循单位价格随订购数量的上升而下降这一规律的，对生产厂商来说，也会存在例外的情况。例如，订单量过大，就很难看出连续订购的必然性，企业扩大再生产后，一旦来年订单减少，投资将很难收回。

市场总体价格水平下降。由于折扣与折让策略有较为稳定的长期性，当消费者利用折扣或折让进行超过需求的购买后，再将超过需求的部分商品转卖给第三方，那么就会扰乱市场秩序，导致市场的总体价格水平下降，或给采用折扣或折让策略的企业带来损失。

3. 心理定价策略

（1）尾数定价。

尾数定价是指企业在定价时故意保留尾数，给消费者一种价格低廉的心理感觉的定价方法。尾数定价主要应用于价格敏感性较高的日用消费品的定价中。例如，某商品定价 9.9 元，而不是 10 元，让消费者认为前者的价格比后者的价格便宜了一个档次。

（2）整数定价。

与尾数定价法正好相反，整数定价法是指不保留价格零头，而采用合零凑整的一种定价方法。例如，把价格定为 100 元，而不是 99.9 元。这种定价方法给消费者以在价格上上升了一个档次的感觉，迎合了具有高消费心理的消费者的需要，使他们感到消费这种商品与其地位、身份吻合，从而立刻做出购买的决定。

（3）声望定价。

声望定价是指利于企业或商品的知名度，给商品制定一个较高价格的一种定价方法。在消费者看来，价格是反映商品质量的一个重要指标，特别是知名企业的商品若以较低的价格进行销售，可能会引起消费者的怀疑，认为是伪劣假冒商品，从而影响消费者的购买决定。因此，高价与独特的品质、完善的服务质量及知名品牌之间的结合，有利于加强产品的吸引力，扩大产品的销量。

（4）招徕定价。

招徕定价是指零售商利用部分顾客追求廉价的心理，特意将几种商品的价格定得较低来吸引顾客购买的一种定价方法。例如，某些商场随机推出降价商品，每天有一种或两种商品作为特价商品出售，以此来吸引顾客经常购买廉价商品，在购买廉价商品的同时，顾客往往也会购买其他正常价格的商品。

（5）吉利定价。

吉利定价是根据消费者的宗教信仰、文化习俗或消费者的某种心理，有意将价格定为一些所谓吉利的数字，以吸引消费者购买的一种定价方法。例如，在中国，8、6、9都是常用的定价数字。因此，很多商家以这些数字组合为定价。

4. 差别定价策略

差别定价策略是指企业以不同的价格向不同的消费者销售相同或类似产品的一种定价方法。这些产品有时候是完全相同的，有时候其生产成本存在一定的差异，但是远远小于价格的差别。旅游产品的形式多种多样，按照不同的旅游路线、旅游产品和服务进行差别定价是旅游企业惯用的一种方式，并且这些产品价格之间的差额和成本之间的差额是不成比例的。例如，某旅行社针对消费者推出了三种不同档次的泰国五日游，其旅游线路分三个档次，低价线路1 000～1 600元，中档线路1 600～2 500元，最高档次的五星级豪华团的价格则为常规中档价格的两倍。根据产品形式进行差别定价，可以满足不同消费需求的旅游消费者。差别定价策略通常包括以下三种形式。

（1）对不同顾客实行差别定价。

购买力强的消费者对价格往往不敏感，相对中低收入群体而言，他们在购买同一商品时愿意支付更高的价格。许多企业既希望以较高的价格将产品卖给高收入群体，又不希望因为价格太高而失去低收入消费者市场。为了更大限度地获取消费者剩余，企业往往针对不同购买力的消费群体制定不同的价格。不同年龄段的消费者对旅游商品的需求也各有不同，旅游企业会按照不同的年龄段对顾客进行差别定价，例如，我国很多旅游景区会对老人、学生、军人、残疾人等收取较低的价格，有的酒店也会有儿童半价用餐的定价规定。又如，学生往往是购买力较弱的群体，中国的许多航空公司在向学生出售机票时会在原价的基础上打六折。

但是，在大多数情况下，企业很难从消费者口中得知他们真正的支付能力。因此，一些企业也通过提供商品回扣的方式来实施差别定价策略，以解决这一问题。

案例：美国航空公司的价格策略

把差别定价策略运用得最为经典的是美国的航空公司。当面对激烈的市场竞争，其他航空公司都在降低机票价格的时候，美国航空公司没有简单地这样做，而是首先将市场细分为私人旅游乘机和商务乘机。私人旅游乘机对价格比较敏感，而因公事乘机的乘客对安全快捷及服务更感兴趣。降价可以极大地增加私人旅游乘机的乘客量，但对商务乘机乘客量的影响并不是很大，对他们降价只会白白损失公司利润。该航空公司通过分析还认识到，私人旅游乘机由于其较强的计划性往往提前 1～3 个月就可以订票了，而商务乘

机的乘客由于业务的突发性和偶然性，往往提前订票的时间较短，通常是1~2周。于是，美国航空公司只对提前超过两周订票的票价进行打折，而短期订票的价格维持不变，从而最大限度地获取了利润。

（2）根据产品形式的不同实行差别定价。

即使是非常富有的消费者也不希望看到他们支付了更高的价格得到的却是完全相同的产品和服务，但是产品差异却可以为差别定价提供一个很好的理由。一些企业生产的产品差异性是天然存在的，尽管他们耗费相同的成本。例如，足球场或话剧院，任何一个座位对生产者而言成本都是相同的，但是对观众来说，不同的座位带来了不同的观看效果，因此，我们可以看到足球场和剧院对不同的座位制定了不同的票价。这就是厂商根据产品的形式不同，实行了差别定价策略。

（3）根据销售时间、地点的不同实行差别定价。

差别定价还经常用于削减高峰期需求，维持供求平衡。许多产品由于不能储存，使得很多服务性企业生产的产品会出现在一定时期内产品供不应求，但在其他时期又会供大于求的情况。旅游企业对不同位置或不同地点的旅游产品和服务往往会制定不同的价格，即使每个地点的产品或服务的成本是相同的。例如，我国的铁路客运往往在节假日期间非常拥挤，但是平常时间很多线路会出现载运能力过剩的情况。针对这种情况，就可以根据销售时间不同而实行差别定价。

企业采取差别定价必须具备以下条件。

① 市场必须是可以细分的，而且各个市场部分需表现出不同的需求程度。

② 以较低价格购买某种产品的顾客不可能以较高价格把这种产品倒卖给

其他人。

③ 竞争者不可能在企业以较高价格销售产品的市场上以低价竞销。

④ 细分市场和控制市场的成本费用不得超过因实行价格差异而得到的额外收入。

⑤ 价格差异不会引起顾客的反感，从而放弃购买，进而影响销售。

⑥ 采取的价格形式不能违法。

5. 产品组合定价策略

企业往往经营的不只是一种产品，而是一个产品组合。在这个产品组合中，可能会有若干条生产线，每条生产线内又可能包含了若干个产品项目，所以在实践中，一个企业面临的往往是同时对产品组合中的多个产品定价，而不只是对单一的产品定价的情况。产品组合定价显然比单一产品定价要复杂一些，因为一个产品组合内的各种产品无论在需求，还是在成本上，往往会有一些相互的联系，对其中的某一个或某一类产品定价都可能影响其他产品的需求及价格，以至于最终影响到企业的总体利润。所以，一个好的产品组合定价策略应该是从企业全局出发去考虑，根据产品之间的关联性为组合中的产品确定合适的价格，以实现企业经营的总体目标。

企业产品组合定价策略的主要类型有产品线定价、分部定价和捆绑定价三种。

（1）产品线定价。

产品线定价是指企业对属于同一产品线的某一大类产品进行定价的一种定价方法。同一产品线中的各个产品之间都有较为紧密的联系，都以类似的

方式发挥产品的基本功能，它们之间往往有一定的相互替代性。

在进行产品线定价时，往往有两种情况。

第一种情况是同一产品线中的各个产品有大致相同的目标市场，这样它们之间的价格就应当有较大的关联性。企业往往先考虑目标市场的购买力和消费者的需求，以及竞争者的定价来制定出一个基准价格，然后再在这一基准价格的基础上根据产品的成本、特征等多方面的因素来决定它们的定价。例如，宝洁公司在中国市场的洗发水生产线有"飘柔""潘婷""海飞丝"等多个品牌，宝洁公司仍然将这些产品的价格都定得比较接近，而不会将某一品牌的价格定得比其他品牌的价格低得多，以保证宝洁产品高品质的形象。

第二种情况是相同生产线中的各种产品有不同的目标市场，这时各个产品间价格的关联性是相对比较弱的，企业只要针对不同目标市场的情况及产品成本的情况对相应的产品进行定价，而不用过多考虑各个产品之间的价格差异。但是，如果企业将购买力作为划分不同目标市场的基准，那么不同产品的价格差距就必须与目标市场的差距相互吻合了。例如，汉庭酒店集团对旗下三个不同品牌的酒店就实行了产品线定价的策略。

（2）分部定价。

分部定价是指企业将原本可以以整体形式销售的产品分拆出来出售，并对不同的产品组合单独定价的一种定价方法。这些分拆出来的产品在功能上往往具有一定的互补性。例如，吉利公司在销售剃须刀时，将刀片和刀架分开来定价。

分部定价方式被企业广泛使用，因为如果企业以整体形式销售一件产品，在通常情况下，只能制定一个价格。如果价格定得过低，虽然能吸引到更多的消费者，但是影响了企业的利润；如果价格定得过高，购买消费者数

量减少，也会影响企业的利润。因此，企业通过实行分部定价，将消费者长期使用、购买率较低的那部分产品制定一个较低的价格，以吸引更多消费者的购买；将长期使用、购买率较高的那部分产品制定一个较高的价格，以通过这部分产品获得更多的市场利润。

（3）捆绑定价。

与分部定价相反，捆绑定价是指将一些原本并没有太多关联的产品组合作为一个整体，按照一个统一的价格进行销售的一种定价方法。合适的捆绑定价方法同样能增加企业的销售额和销售利润。例如，在很多饭店，许多顾客进餐时除了消费饭菜，还要消费酒水，因此，许多饭店把酒水的价格定得很高，而食品的价格定得相对较低来吸引顾客，食品收入可以用来弥补食品成本和饭店的其他成本，而酒水的收入则能给酒店带来额外的利润。

案例一：华住酒店集团推出"汉庭优佳"全新品牌

华住酒店集团（以下简称"华住"）在连续发布了一系列中档酒店发展计划后，又开始大刀阔斧升级旗下经济型酒店品牌"汉庭"。2017年4月27日，华住正式推出了汉庭的"豪华版"品牌汉庭优佳，同时，位于上海西藏南路的首家汉庭优佳直营店也正式开业。实际上，近年来，一方面，经济型酒店的利润率不断下降；另一方面，迫于市场升级，经济型酒店都在进行品牌升级。然而，在业内人士看来，作为三大经济型酒店之一的华住近来频繁加码中档酒店，除了力图在中档酒店市场跑马圈地外，也同时希望在与如家、铂涛等酒店集团的竞争中拔得头筹。

据了解，汉庭优佳定位在汉庭与全季之间，处于中档酒店的入门级别。

与传统汉庭酒店的风格相比，汉庭优佳风格清新，配有艺术画廊，还设置了24小时咖啡吧、自助入住退房、24小时免费行李柜、自助打印登机牌、自助洗衣房、智能电视、外带早餐等服务。定位稍高的汉庭优佳酒店定价也比普通汉庭酒店高30%左右。

在市场消费升级的趋势下，国内经济型酒店集团早就开始在中档酒店市场"跑马圈地"了，很多经济型酒店品牌也正在面临着同质化和利润低的状况。

华住CEO张敏表示，与10年前不同，现在的酒店客户需要得更多，而不仅是能够洗澡、能够睡觉。实际上，华住旗下各酒店品牌不断升级是为了应对更多新的消费者和整个消费群体越来越高的要求。

但是，由于各家经济型酒店都在升级，华住推出汉庭优佳的意义在于节省房间改造成本的同时提升房价。一位从事过经济型酒店行业工作的相关负责人表示，经济型酒店也不能随意转为中高端品牌，例如，房间的大小从18平方米改为25平方米比较麻烦，汉庭酒店由于硬件条件的限制，不适合升级为漫心或者全季这类酒店，而适合改成升级版的汉庭优佳，能够升级存量项目，增加收益。

张敏认为，全季单间客房投入为10万～12万元，而汉庭优佳则在8万元左右。如果是汉庭升级改造成汉庭优佳，则单间成本在4万元左右，这样能在节省成本的同时提升房价。同时，对加盟商来说，汉庭优佳的房价每间费用虽然比汉庭高出100元左右，但成本只高出10%，所以毛利率更高、回报周期更短。

业内人士表示，租金（含水电）和人工是经济型酒店集团面临的两大主

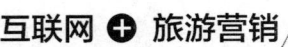

要成本，对华住、如家这些以经济型酒店起家的酒店集团来说，随着租金、人工等成本的上涨和消费需求的升级，一方面，经济型酒店盈利能力越来越低，另一方面，加盟商回本期越来越长，利润率越来越低，这都意味着巨大体量的经济型酒店亟待升级和更新。

2014年，曾有媒体指出经济型酒店利润非常微薄，而根据一些公司的财报计算，实际上，经济型酒店每一间客房每天的利润只有5.32元。

据华住发布的2016年年报显示，目前华住旗下拥有中高端酒店456家（包括雅高特许经营的美居、宜必思等），占全集团酒店的比例为13.83%。在华住2016年新开业的酒店中，中高端酒店占比29.00%，正在筹备中的酒店也有40.00%为中高端品牌。中高端酒店比例上升带来的直接影响就是RevPAR（每间可供出租客房的平均收入）的提升，华住全年的RevPAR为157元，上涨2.70%，平均房价（ADR）为185元，比2015年同期增长3.30%。其中，中高端酒店的RevPAR和ARD分别为251元和296元，增速远高于经济型酒店。

张敏曾在分析师电话会议上表示，四季度RevPAR能够实现5.70%的增长率得益于汉庭品牌的升级，目前有31%的汉庭酒店已经升级为汉庭优佳品牌。

虽然汉庭"升级版"的推出让业界眼前一亮，然而未来能否达到市场预期，前路并非一片平坦。有分析人士指出，在华住未来推行的政策中，加盟商是否愿意付出费用进行升级仍然存在不确定因素。此外，也有酒店人士认为，Airbnb、途家等共享经济等新业态，以及精品、民宿、短租等非标住宿的蓬勃发展，进一步压缩了经济型酒店的生存空间，加上加盟店在服务上无

法管控、卫生、安全等问题不断出现，也让包括汉庭在内的经济型传统酒店面临着亟待转型的局面。

案例二：让廉价机票更便宜

HIS 是日本一家国际廉价机票服务旅行社的简称。开办 15 年来，公司靠着经营廉价机票和国际旅行社服务取得了令人瞩目的绩效。在日本各大旅行社正为效益下降、赤字频频苦恼之际，HIS 的经营业绩引起了人们的广泛关注。

HIS 创业者泽田秀雄的事业开始于 1980 年。这年，泽田秀雄在东京新宿车站附近的一栋大楼里租了一间屋子，并雇用了一名职员，用自己留学归来所赚到的钱再加上投资股票所得到的 1 000 万日元作为资本，办起了一家以供应廉价机票为特色的国际旅行社。当年，日本到海外旅游的每年不到三四百万人，并且以团体旅游为主，日本的大型旅行社经营的主要是团体旅游。HIS 看准了个人旅游尚未被重视的市场空间，异军突起，打出了以接待散客尤其是青年学生为主的经营旗号，同时建立了一个比正规国际机票便宜的廉价机票销售机制。以此为特色，跻身竞争激烈的日本旅游业，并分得了一杯羹。由于市场定位准确，HIS 的业务蒸蒸日上，不出几年，便有了令人刮目相看的业绩。

HIS 销售的机票便宜，其秘密在于它巧妙地利用了日本飞机票流通渠道的空隙。

日本航空公司向旅行社发售的机票价格分为个人票和团体票两种，团体票较为便宜。廉价机票的秘密就在于买来团体票以后再向个人散卖，故能大幅度降低机票价格。这一销售机制早已有之，只是 HIS 巧妙地利用了它。

日本的机票流通渠道大致有三条：一是航空公司直接向顾客出售，价格较高；二是航空公司向 JTB（日本旅行社：Japan Travel Bureau）发售团体票；三是航空公司通过批发商向中小型旅行社发售。后两种情况，由于是批量销售，价格较为便宜，并且按照规定达到一定的数量，还有奖励，也就是我们常说的"回扣"。批发商销售渠道虽说销售对象较为固定，但有时也不能全部卖完机票，便削价出售，HIS 以低价集纳这类机票，以更低的票价吸引消费者。如此这般，HIS 出售的机票价格只有航空公司直接卖出的五分之一到一半。

HIS 社长泽田秀雄出生于日本大阪，1968 年高中毕业后即去原西德留学。他酷爱旅游，留学期间竟周游了 50 个国家。1976 年回国之后，先经营贸易业，后来便搞起了廉价机票经营。他求学期间周游各国积累的旅游知识帮了他大忙。HIS 不但向顾客出售廉价机票，还向他们提供旅游服务咨询。这样大大吸引了旅游者，特别是好奇心强的年轻人。便宜的机票价格加上各种旅游信息服务的附加值，使得 HIS 在日本旅游业中脱颖而出，生意日益兴隆。

HIS 经营的廉价机票有许多是旅游淡季或较冷僻的航线，但由于公司在世界各地设有多处办事机构，冷僻的旅游线路经过一番巧妙的安排设计，往往带来了柳暗花明的结果，特别是对于那些时间充裕又想方设法节约费用的年轻人来说更是具有强烈的吸引力。

HIS 在取得经营成果之后，进一步扩大经营网点，1990 年达到 32 家，增加了销售实力。按照日本航空公司的规定，每年售出 500 张以上的机票，其价格就可以降低 30%，并且销售奖金也会随之增加，HIS 扩大网络后，销售能力进一步增强，反过来又促使机票价格再次下降，形成了一个良性循环，每年营业额呈几何级数增长。1986 年 HIS 销售额是 33 亿日元，1988 年突破 100 亿日元，1990 年增加到 235 亿日元，HIS 一举成为日本旅游机票销售行业的一颗巨星。①

---

① 资料来源：刘昱. 经典营销案例新编[M]. 北京：经济管理出版社，2008.

第六章

旅游产品品牌营销策略

第一节 旅游产品品牌

1. 品牌

（1）品牌的定义。

美国市场营销协会（AMA）对品牌做出了定义："品牌用以识别一个或一群产品和劳务的名称、术语、象征、记号或设计及其组合，以和其他竞争者的产品和劳务相区别"。营销学权威 P·道尔认为，品牌是"一个名称、标志、图形或它们的组合，用以区分不同企业的产品"。

美国市场营销协会（AMA）与道尔都是从品牌的原意出发，从差异与区别等角度对品牌进行定义的，没有点到品牌的实质。而我们认为品牌是世界上伟大的商业资产，最难得的就是一个品牌在消费者心中最初的心理认知难以被复制，因此本书对品牌的定义是：品牌是相关受众（主要是目标顾客）提及一个产品或企业时，大脑所能联想到的名称、术语、象征、记号或设计等信息，以及由这些信息所带来的心理体验的总和。

品牌一旦在消费者心中率先占据了某个认知与联想，就会对消费者产生强劲的吸引力，从而具备无与伦比的先发性竞争优势——竞争品牌要撼动已经被占位的认知与联想几乎是不可能的。例如，香格里拉酒店定位为高端商务酒店，如家定位为中低端品牌。品牌是一个集合概念，包括品牌名称和品牌标志。品牌名称是指品牌中用语言称呼的部分。品牌标志是指品牌中可以识别，但难以用语言称呼的部分，通常是一种特殊的符号、设计、颜色或印字。

（2）品牌的内涵。

① 属性。一个品牌首先应该代表一定的属性。例如，海尔代表优良的服务，沃尔玛代表低廉的价格。

② 利益。品牌所代表的属性必须转化为对销售者有意义的利益。例如，优质的服务代表消费者可以更放心地使用该企业的产品。

③ 价值。品牌还表示企业所代表的价值。

④ 文化。就目前的市场营销发展趋势来看，品牌的文化内涵已经越来越受到人们的关注。

⑤ 个性。品牌个性是品牌形象的一部分，是指产品或品牌特征的传播，以及在此基础上消费者对这些特征的感知。消费者需要借助品牌个性来延伸自我。

⑥ 使用者。品牌还能勾画出产品使用者的特征。

2. 旅游产品品牌

旅游产品品牌是指旅游经营者凭借其产品及服务确立的代表其作品及服务的形象的名称、标记、符号或它们的相互组合，是企业品牌和产品品牌的统一体，体现着旅游产品的个性及消费者对此的高度认同。狭义的旅游产品品牌是指某一种旅游产品的品牌。而广义的旅游产品品牌具有结构性，包含某一单项产品的品牌、旅游企业品牌、旅游集团品牌或连锁品牌、公共性产品品牌、旅游地品牌等，如图 6-1 所示。

图 6-1 旅游产品品牌

3. 旅游产品品牌设计的基本原则

人们在日常生活环境中，通常以语言、文字、图形图像，以及闻、尝、摸等来识别和感受某项事物。而在听、触、味等感觉中，反应最快、感受最深的是视觉，这就是人们所说的"耳听为虚、眼见为实"的原因。因此，品牌的设计对旅游产品的销售非常重要。品牌设计得好，容易在消费者心目中留下深刻的印象，也就容易打开市场销路，增强品牌的市场竞争能力。品牌设计得不好，会使消费者看到品牌就产生反感，降低购买欲望。品牌设计中

商标的设计应遵循以下 5 个原则。

（1）美观新颖，简单鲜明。

商标美观大方，构思新颖，别致有趣，不落俗套，才能引人注目，从而在消费者心目中树立良好的企业形象和商品形象，激发购买欲望。简单鲜明，构思流畅，色彩明快，便于顾客记忆和识别，给顾客留下深刻的印象。

（2）体现商品的特色。

充分体现商品的性质、特点和风格，表现商品的特色，是商标成功设计的基础。只有体现商品特色的商标，才能对顾客产生吸引力。这一特色可通过商品的结构和形状来反映，也可以间接地以他物为象征加以表达，还可以借用某种机智趣味的形象来描述。

（3）与目标市场相适应。

企业的一切活动包括商标设计，都是围绕目标市场运作的，因此，商品的商标须与企业的目标市场相适应，包括商品的名称、图案、色彩、发音等都要考虑目标市场的风俗习惯、审美观点、语言等方面的要求。这样设计出的商标，才能为消费者所接受，达到预期目的。

（4）避免雷同和过分夸张。

设计巧妙的商标可以学习和借鉴，但不能盲目效仿，以致造成雷同。这不但会失去自己商标的特点，给人以似曾相识的感觉，印象淡薄，还会引起顾客心理上的反感和企业间的法律纠纷。商标设计有一定的艺术性是必要的，但不能过分夸张，脱离生活实际，给人以莫名其妙的感觉，带来不良效果。

（5）符合法律规范。

国家制定的商标法，是进行商标设计的重要依据。例如，商标法规定

"商标不能使用与国家和国际组织的名称、国旗、国徽、军旗、勋章等相同或类似的文字、图形；不能使用在政治上有不良影响的文字、图案；要尊重民族风俗习惯，内容文明、健康等，都是商标设计所必须遵循的原则。"

第二节 旅游产品品牌策略

旅游产品品牌策略是旅游企业营销的重要策略之一。企业从事品牌运营，核心内容是科学合理地制定品牌策略。互联网平台的运营在企业品牌营销、市场调研与产品开发、客户关系管理、危机公关等方面的作用不容小觑。按照品牌运营的主要作业环节，品牌策略包括品牌有无策略、品牌归属策略、品牌统分策略、品牌延伸策略与品牌重新定位策略。

1. 品牌有无策略

在市场上，我们所见到的商品大部分都有品牌，这是因为使用品牌无论是对企业还是对消费者都有很多好处，但是，这并不意味着所有的商品都必须使用品牌。

（1）无品牌策略。

品牌的使用是以一定的费用为代价的，当某些商品受特殊因素的影响，不需要或无明显效果时，也可以不使用品牌。选择不使用品牌的策略，主要

有以下三种情况：第一，从商品本身的性质来看，有些商品不可能在生产过程中形成一定的特性而与其他商品区别开来，消费者在选购时也没有识别商品来源的要求，例如蔬菜、水臬和电力等可不使用品牌。第二，从商品经营的特点看，有些商品属于国家计划品种，由国家统一经营，如特殊钢材、飞机、大型设备等，可不使用商标，但需要附有质量标准、产品规格、厂家名称、地址等情况说明，以对商品负责。第三，从消费者习惯来看，人们长期使用习惯的无品牌商品，如熏肉等，可采用无品牌策略。

（2）选用品牌策略。

市场上大多数产品都需要通过品牌塑造来提升其形象。目前，在一些发达国家，市场上的商品几乎无一例外地都使用品牌商标。例如，类似蔬菜这样历史上从未使用过品牌商标的商品，也可以通过塑料袋等包装贴上相应品牌的商标。

虽然大部分的企业都选择了品牌策略，但并不是每一家企业都实行了品牌商标注册。对企业来说，采取注册商标策略，或是采取不注册商标策略，主要考虑企业规模和商品特点两个因素。

第一，从企业规模来看。规模较大的企业生产能力强，设备技术力量雄厚，经营管理组织系统相对健全，能够稳定地生产产品，为提高产品的竞争能力，一般应采取注册商标策略。反之，则采用不注册商标策略。第二，从商品特点来看。①较为稳定地生产一种或几种商品的厂家，宜采用注册商标策略；生产一次性商品、临时性商品、季节性商品、不定型商品和原材料没有保证的商品的厂家，宜采用不注册商标策略。②当商品处于市场寿命投入期时，因风险大，成功把握小，宜采用不注册商标策略进行试销，以免投放失败，给企业造成较大的经济损失和信誉损害；当商品处于市场寿命成长期

时，为了扩大商品宣传，加速其向成熟期过渡，宜采用注册商标策略；当商品处于市场寿命成熟期时，如果成长期未能及时注册，这时应予以注册。如果已经到了成熟期的晚期，再申请注册就对企业不利了，因为企业的商标信誉很容易受到即将到来的衰退期的影响；当商品生命处于衰退期时，宜采用不注册商标策略较为有利，既可以减少不必要的费用支出，又可以集中力量开发新商品。③如果商品销货范围较广，宜采用注册商标策略，以便在较大的区域内促进商品销售。反之，如果商品的销售范围较窄，销售量有限，如某些民族特色商品，则宜采用不注册商标策略。

2. 品牌归属策略

企业在决定使用品牌之后，还要决定如何使用品牌。企业通常可以在以下 3 种品牌使用策略之间进行选择。

（1）制造商品牌策略。

制造商品牌由制造商推出，并且用自己的品牌标定产品进行生产销售。制造商是该品牌的所有者。人们平常非常熟悉的一些品牌，如格兰仕、美的、柯达、可口可乐、联想等都是制造商品牌。

制造商使用自己的品牌，可以获得品牌带来的全部利益；享有盛誉的制造商将自己的品牌借给他人使用，还可以获得一定的特许使用费，其销量可以迅速上升。

（2）经销商品牌策略。

经销商品牌是指经销商根据自身的需求及对市场的了解，结合企业发展需要创立的品牌。实力强大的经销商会倾向于树立自己的品牌。

采用这种策略可以利用经销商良好的品牌声誉及庞大的、完善的分销体系为制造商在新的市场推销新的产品服务；经销商有自己的品牌不仅可以控制定价，而且在某种程度上可控制制造商；经销商可以找一些无力创立品牌或不愿自设品牌的厂家或生产能力过剩的厂家，使其使用经销商的品牌制造产品，由于减少了一些不必要的费用，经销商不仅可以降低售价，提高竞争能力，还能保证得到较高水平的利润。

但采用这种策略，要求经销商对制造商的产品质量严格控制。否则，不仅会影响产品销售，还会砸掉经销商的牌子。而且，经销商需投入较多的费用用于推广其品牌；经销商本身不从事生产，必须向厂家大量订货，这就使大量资金积压；经销商还要承担风险，若消费者对某一厂家的产品不满，往往影响其品牌其他产品的销售。

（3）混合品牌策略。

企业对自己生产的一部分产品使用制造商品牌，而对另一部分产品则使用经销商品牌，这种策略可以使企业获取上述两种策略的优势。

3. 品牌统分策略

企业在决定其大部分的产品或全部产品都使用统一品牌还是多个不同的品牌时，也有若干策略可供选择。

（1）统一品牌策略。

统一品牌策略是指企业生产经营的全部商品都采用同一品牌策略。实行统一品牌策略的优点是在推广新商品时，可节省品牌设计费、注册费、续展费等有关费用；一次性广告宣传，能使所有的商品受惠；如果老商品在消费

者中享有较高的信誉,则可带动新商品很快打开销路。采用统一品牌策略,其商品必须是同类或类似商品,并且档次基本一致,否则不宜使用。

(2) 个别品牌策略。

个别品牌策略是指企业根据商品的不同情况而采用不同商标的策略。它主要适用于 4 种商品。第一,不同类别的商品。第二,不同档次的商品。一般来讲,当生产经营的商品档次不同时,应分别设计商标。例如,华住酒店品牌经营不同档次的酒店,就分别使用了"汉庭酒店""全季酒店""禧玥酒店""桔子酒店""美仑酒店"等商标。第三,不同品种的商品,即品种不同,使用不同的商标。第四,新商品。使用个别商标策略,可使企业的整体声誉不受个别商品声誉降低的影响,分散商标使用过程中对企业的风险威胁,有利于提高生产经营的灵活性。

(3) 分类品牌策略。

分类品牌策略是指对企业的各类产品分别命名,一类产品使用一个品牌的策略。有些企业虽然生产或销售同一类型的产品,但是为了区别不同质量的产品,往往使用不同的品牌名称。这种策略的优点是可以把个别产品的成败同企业的声誉分开,不至于因个别产品信誉不佳而影响其他产品,不会对企业整体形象造成不良影响。但实行这种策略,企业的广告费用开支很大。

(4) 主副品牌策略。

企业考虑到要兼顾产品之间既有相对统一性,又有各自独立性的情况,典型的做法是采用主副品牌策略,在企业的名称后再加上个别品牌的名称,即企业的名称就是主品牌,个别产品品牌名称就是副品牌,以企业名称表明产品出处,以个别产品品牌表明产品的特点。这种策略主要的优点是在各种

不同新产品的品牌名称前冠以企业名称，可以使新产品享受企业的信誉，而各种不同产品分别使用不同的品牌名称，又可以使各种不同的产品保持自己的特色，具有相对独立性。

（5）多品牌策略。

多品牌策略是指企业对同一种产品使用两个或两个以上品牌的策略。多品牌策略虽然会使原有品牌的销售量减少，但几个品牌加起来的总销售量却可能比使用一个品牌时要多。这一策略的优点是使企业可以针对不同细分市场的需要，有针对性地开展营销活动；可以使生产优质、高档产品的企业也能生产低档产品，为企业综合利用资源创造条件；各品牌之间联系松散，分散了企业品牌经营的风险。采取此策略的缺点是品牌较多会影响广告效果，易被遗忘。这种策略需要有较强的财力做后盾，因此，一般适宜于实力雄厚的大中型企业采用。

4. 品牌延伸策略

品牌延伸策略是指企业利用其成功品牌的声誉推出改进产品或新产品的策略。品牌延伸通常有两种做法。

（1）横向延伸。新开发的产品用成功品牌。例如，海尔公司先向市场推出冰箱、空调等产品，技术研发成熟后又向市场推出电视机、电脑、手机等产品，同样使用"海尔"品牌。

（2）纵向延伸。企业先推出某一品牌。成功后，又推出新的经过改进的该品牌产品。接着，再推出更新的该品牌产品。例如，宝洁公司在中国市场上先推出"飘柔"洗发香波，然后又推出新一代"飘柔"洗发香波。

品牌延伸可以大幅度降低广告宣传等促销费用，使新产品迅速、顺利地进入市场。这一策略如果运用得当，有利于企业的发展和壮大。然而，品牌延伸未必一定成功。另外，品牌延伸还可能淡化甚至损害品牌原有的形象，使得品牌的独特性被逐步遗忘。所以，企业在品牌延伸决策上应谨慎行事，要在调查研究的基础上，分析、评价品牌延伸的影响，在品牌延伸的过程中还应采取各种措施尽可能地降低对品牌的冲击。

5. 品牌重新定位策略

由于消费者需求和市场结构的变化，企业品牌可能丧失原有的吸引力。因此，企业有必要在一定的时期对品牌进行重新定位。品牌重新定位就是对品牌进行再次定位，旨在摆脱困境，使品牌获得新的增长与活力。品牌重新定位与原有定位有截然不同的内涵，不是原有定位的简单重复，而是企业经过市场的磨炼之后，对自己、对市场的一次再认识，是对自己原有品牌战略的一次扬弃。

在对品牌进行重新定位的时候，企业需要考虑以下两个方面。

（1）将品牌从一个细分市场转移到另一个细分市场所需要的费用，包括产品质量修改费、包装费及广告费等。

（2）定位于新位置的品牌的盈利能力。盈利能力取决于细分市场的消费者人数、平均购买力、竞争者的数量和实力等。

企业需要认真考察各种对品牌进行重新定位的方案，以选择盈利能力最强的方案来实施。

案例：环境变化与旅游集团的应对之同程集团尝试

从 2020 年年初至今，新冠疫情对旅游业的环境影响已经持续了近三年，疫情常态化成为文旅行业和企业面对的新形势。在这三年的时间里，国内旅游业发生了翻天覆地的变化，大家都在努力尝试转型升级，来应对这种可能持续 3~5 年的新常态市场。同程集团在 2021 年也做了很多有益的新尝试。

在这种新常态下，目前的旅游环境也发生了新变化。

首先是用户的变化。由于信息触达用户的方式——如短视频平台崛起，直播的兴起发生了变化，低线城市用户开始崛起，特别是三、四线城市用户比重增长明显。用户在线上预订的比例明显提升，并且对产品价格和服务细节都较为敏感，对流量爆品预订的参与度也明显高于以往。疫情的不确定性让自由行成为主流选择，用户对预售的接受度也提升了很多。

其次是货的变化。目的地的货是什么？我们通常会以吃、住、行、游、购、娱这 6 个维度来进行划分。在新常态下，在跨区移动减少的情况下，吃（美食）、住（酒店）和购（消费）在用户出游的要素中，相较于其他要素，需求比例再次提升。

最后是场景的变化。最近 3 年，客户在线下场景预定的情况已经很少了。旅游产品消费场景的新尝试也基本转移到线上。例如，目的地云旅游、周边场景产品直播带货及私域社群的营销等。

基于这样的旅游新环境，同程集团也在 2021 年做了一些新的尝试。

尝试一：营销创新下的机票盲盒

这是同程集团在 2021 年清明节期间推出的一款现象级爆款产品，98 元的单程价格，随机的出发时间和目的地，不满意全额包退。从消费者的用户画像可以看出，以 18~35 岁的女性为主，私人出行占比高，享受自由，从不亏待自己，喜欢打卡，喜欢晒，喜欢尝试新鲜事物，机票盲盒充分满足了她们社交平台分享的需求。

这款补贴产品激发了用户的出游意愿，助力了国内旅游经济复苏，全面拓宽与上下游供应链合作的业务宽度，并契合了同程的品牌升级战略。同时，机票盲盒获得了央视两分多钟的报道、在微博话题阅读量超过 8 623 万次、短视频曝光超过 6.2 亿次、跨次元互动曝光 1 300 万次，极致的品牌影响力引领了整个行业的盲盒热潮，并为同程集团获得了更多的新生代用户。

尝试二：技术与服务创新下的"慧行"

疫情常态化下，智慧化应对环境变化势在必行。用户对出行方案智慧化的选择方式增多，对服务和退改要求的细节提升，"慧行"是同程集团基于大数据及智能技术，以强大算力整合铁路、民航、公路等交通票务信息，快速为用户提供高匹配度的出行解决方案的系统，目前已经服务超过两亿人次。"慧行"系统本身也具有学习能力，每日能完成 12 亿个方案的计算和设计。

同程集团旨在打造一站式智慧联程出行平台，以数字技术助力综合运输服务一体化发展规划，帮助提升用户的交通出行效率。

尝试三：战略升级下的品牌创新

疫情常态化下，很多文旅企业也在思考是否还需要做品牌，答案对于同程集团而言是肯定的。这三年同程集团的品牌也一直在坚持围绕战略的尝试与创新进行。基于同程集团旅行品牌个性化的定位，同程集团提炼了新的品牌核心元素等，还升级了视觉形象，通过与其他品牌的联名合作，进行了全网发布。同程集团营销端与奇葩说7的合作，综艺总播放量超过10亿次，微博话题阅读量超过1 912万次，大大提升了新品牌的认知度，也增强了同程集团作为专业旅行预订平台在客户群和市场定位上的竞争差异。

尝试四：乡村振兴背景下的农文旅产业模式创新

同程集团在立足专业旅行预订平台核心业务的同时，也尝试在产业链的上下游进入实业的规划投资、建设运营。这三年，同程集团尝试了农文旅产业模式的创新，为乡村振兴助力。环境的变化导致旅游目的地的形态发生变化，旅游生活方式也在发生变化。新常态下，城市休闲度假旅游方式的调整，为乡村文旅带来巨大的发展动力。同程集团在苏州太湖边做了林渡暖村项目，打造投资总额10亿元规模、14平方千米的一站式乡旅度假目的地。

在乡村振兴的大势之下，同程集团着力于打造农文旅全产业链。林渡暖村项目集合了农业观光、生态体验、主题旅游、休闲旅游、宜居度假、国学教育等功能。林渡暖村不是单一的旅游目的地形态，还是一个自然乐园、一个民宿集群，更是一个学校集群、一个艺术群落，也是一个社群，一种新的田园生活方式。目前，林渡暖村已经与20多家国内一流的设计工作室达成长期合作，邀请张雷、俞挺等国内著名设计师参与改造，第一家民宿"林渡陶庐"已经于 2021 年 10 月 1 日开放，2022 年会有超过 20 个新体验项目陆续营业。

同程旅游希望以产业兴村富农、深挖特色文化，保住乡村风貌、保留乡土味道，以富有吸引力的产业集群，促进新老村民融合，精准助力乡村振兴。此外，同程集团还发挥自身的技术优势，研发了智慧乡村系统。村落信息的数字化度假目的地的数字化将为村民和游客提供便利。在发布林渡暖村品牌的同时，还发布了新村民招募计划，旨在吸引各行业的精神领袖加入，搭建新村民聚集社区，成为一个可持续的有机生长的村落。

疫情常态化下的生存与发展对于所有的旅游企业而言都是巨大的挑战，同程集团在新常态下也会坚持围绕用户的需求和变化，围绕国家对于文旅发展的战略与方向，在探索和满足人们美好生活的向往之路上不断创新和尝试。①

---

① 资料来源：改编自中国旅游研究院（文化和旅游部数据中心）网站相关信息。吴剑：环境变化与旅游集团的应对之同程尝试。

第七章

互联网+旅游营销创新探究

第一节 微博营销

1. 旅游微博营销的定义

旅游微博营销是指,在大数据背景下以微博为平台,通过文字、语音、图片、视频等形式向旅游者提供出行旅游攻略,介绍旅游线路、推介旅游当地美食等,从而实现塑造旅游目的地形象,引起微博用户的关注与参与,最终达到旅游营销目的的一种营销方式。微博是旅游者获取旅游信息、分享旅游经历、在线旅游预订及交流的平台,同时也是政府部门、旅游企业进行官方宣传和营销的重要途径,具有较高的社会价值和经济价值。

2. 旅游微博营销的优势

随着旅游者对旅游质量要求的逐渐提高,旅游者在出行前对旅游目的地信息进行搜寻的环节显得更为重要。随着互联网信息技术的迅速发展,旅游者在获取信息时对信息的丰富性、准确性和可靠性尤为关注。而微博是目前消费者之间相互分享信息的重要平台,大量的游客在体验旅游产品时,或者结束一段旅游体验后,喜欢将自身经历发布在微博上,通过微博向旅游者展示旅游目的地的相关信息。这种轻松、自由的信息交换氛围为微博营销提供了良

好的氛围，旅游微博营销凭借其具有信服力的博主身份及亲切接地气的特点成功引起了广大旅游者的共鸣，有效地激发了旅游者的消费欲望。旅游微博营销具有信息传播强、反馈实时性强和营销精准度高、有效性强的优势。

（1）旅游微博营销信息传播强。

微博是一个多种商业模式并存，体验形式灵活，并且即时、便捷的交流平台，具有信息发布成本较低、互动周期较短、信息生产频次较高、信息传播及时的特点。其"关注"功能允许微博用户与其他用户的关系由一对一发展成为一对多，并通过圈子的扩大，实现相关信息的快速传播。旅游者可以随时随地地通过多种终端设备，如手机、计算机、平板电脑等登录微博，不受时间、空间、地域的限制。旅游者在旅游前、旅游中都可以在微博上随时获取旅游目的地相关信息，制订或修改行程计划；在旅游过程中，旅游者可以随时随地地免费发布旅游文字、照片、音频、视频等，也可以发表旅游体验并即时与他人互动。旅游者发布的信息内容可长可短，但是蕴含的信息量较大、传播速度快，信息发布速度和传播速度往往超过传统纸质媒体等。微博具有用户多、信息量大、信息获取自主性强、准入门槛低等特点，并且当前微博用户以年轻群体居多，随着旅游市场主体年轻化，游客将感受体验传播给粉丝，会影响粉丝所在的圈子。微博的"一键转发"功能，使得微博信息易于进一步传播，从而实现扩散式营销、爆发式传播。

（2）旅游微博营销反馈实时性强。

在旅游微博营销中，企业微博是以企业或其产品为名注册的，通过微博平台认证的微博。企业微博发布操作简单便捷，作为一个官方的大众传播平台成为极具潜力的网络营销工具。企业微博目的是，传播旅游企业品牌，及时发布最新旅游产品和旅游路线信息、及时了解游客对旅游目的地的反馈，

以及粉丝对此营销方式的接纳程度，并对此做出回应及反应。旅游企业和相关部门可以克服时空障碍与用户快捷地进行互动沟通，增加了企业与消费者直接沟通的机会。企业微博可充分利用微博传播速度快、传递面广的特点，发布并传播信息，吸引粉丝，扩大知名度。与此同时，相关旅游业管理部门或企业主体部门也可以通过企业微博迅速了解游客对旅游目的地情况的反馈，并据此提供更为优质的服务。大数据背景下的微博营销能即时便捷地传递和反馈旅游信息，使传统旅游消费者的行为模式从被动引导型转变为主动体验型。

（3）旅游微博营销精准度高、有效性强。

在"互联网+"背景下，旅游目的地管理者可根据旅游大数据分析旅游者发布的旅游目的地相关微博，进行市场细分，并精准定位目标客户，从而提高信息传播的精准度。除此之外，微博用户可以通过"关注"或"取消关注"其他微博账号精准地获取所需信息，也可以进行信息的精准查找、阅览、分享和即时信息反馈。这不但确保了微博企业和用户选择信息和发布信息的自由，也极大地提高了旅游微博营销的精准度和有效性。

3. 旅游微博营销策略

（1）"网红店+名人博主"效应策略。

由于微博的使用主体是年轻人群。在年轻人群中，到"网红店打卡"和网红博主的"追星"效应已经成为一种常见的旅游微博营销策略，因此旅游目的地也可以在微博营销上利用网红博主的影响力，通过微博中的网红博主发布旅游过程中的攻略，分享旅游过程中的吃娱住行，所行所感，实现网红圈粉互动，增加关注人数，从而吸引旅游消费者。利用旅游微博营销进行有目的的人群分类和产品宣传，能够在很大程度上增强旅游目的地的宣传力度和扩大知名度。

目前，旅游市场中常见的在旅游目的地"网红店打卡"因极高的关注度和互动性，其带货力也很强，成为旅游企业为提高经济效益而采用的微博营销新模式。旅游微博营销通过提供高质量的旅游服务实现社会效益和经济利益双丰收的目标，同时，其作为新型分享式的社交媒体，它还具备广告功能。例如，定期推出旅游副产品，或者进行一系列线上活动，如旅游知识问答、粉丝互动抽奖活动等，可以大大提升旅游粉丝对微博的关注和热情，达到良好的旅游目的地的营销和宣传推广效果。

与此同时，旅游微博营销还需要借助地方政府或企业官方微博的权威性，以获取粉丝的信任。在开展旅游微博营销时，要淡化销售旅游产品，转向关注、关心、关怀粉丝的切实需求，可以通过组建专业的微博营销团队来提升整体传播效果。具体可通过：首先，为旅游微博营销团队确定一个专业的负责管理人员。旅游微博营销负责专业人员除需要掌握旅游营销的专业知识外，还需要掌握一定的文案处理、文案写作与策划、互联网、计算机、网络信息管理等方面的相关知识；其次，旅游微博营销并不是简单地向旅游消费者推荐或发布旅游产品信息，其核心目的是，利用微博的平台来达到即时传播信息并即时更新数据、图片信息等，通过与粉丝、网红博主或官方微博的互动与分享提升企业品牌价值的营销目的；最后，官方微博需要起主导作用，加强与粉丝互动，吸引更多粉丝和旅游者关注发布的信息并加入互动、分享之中。在群体及互动关系逐步建立起来后，旅游微博营销主体就可以运用其知识性、趣味性、幽默性甚至悬念性的内容来传递乐观、积极的情绪，

增加亲和力，积极开展与粉丝的互动交流，举办各种主题活动，利用"网红店+名人博主"效应，进而打动微博粉丝。

（2）整合营销策略。

整合营销是指对各种营销工具和手段的系统化整合，根据环境进行即时性地动态修正，以使参与的双方在交互中实现价值增值的一种营销理念与方法。整合就是把各个独立的营销综合成一个整体，以产生协同效应。这些独立的营销工作包括广告、直接营销、销售促进、人员推销、包装、事件赞助和客户服务等。战略性地审视整合营销体系、行业、产品及客户，从而制定出符合企业实际情况的整合营销策略。整合营销 4I 原则即趣味原则（Interesting）、利益原则（Interests）、互动原则（Interaction）和个性原则（Individuality）。

由于传播主体和传播技术的局限性，以往的旅游营销传播主要以营销主体单向传播、主观传播为主。随着互联网技术的发展，社交网络环境的不断进步，信息内容转为由社交网络用户基于真实人际关系在社交网络平台中的互动完成，信息的可利用性转变为同时被营销主体、目标市场各消费主体所共同掌控，信息的真实性和全面性都得到极大提升。基于社交网络传播的特性，在此前提下的旅游微博营销在覆盖面上有必要实施整合营销策略。旅游微博营销主体需要有针对性地发掘旅游目的地的民族特色符号、本地特色符号、典型符号等，力求在社交网络用户中勾勒出具有个性化、特色化、真实化而非标签式的旅游目的地形象，为旅游者营造正面、生动、积极的目的地环境，在提供旅游目的地信息的同时，激发潜在旅游者的兴趣。

因为目前微博用户的年龄逐渐趋于年轻化，所以旅游目的地的旅游微博营销首先在内容上应抛弃传统营销方式中的推销方式，转而用迎合年轻消费者的方式。例如，采用轻松的问候语、流行的小段子、有趣的表情包，分享精彩的视频等素材，以生动有趣的形式展示当地旅游文化和风景，穿插图片和视频互动的形式与潜在消费者进行交流。视频作为一种比较新颖的微博传播形式，也是一种视觉与听觉合一的传播方式。旅游微博内容简单和直观，更容易让粉丝理解，可以提高旅游地视频微博粉丝评论数、粉丝转发数及点赞数，成功吸引粉丝群体的注意，刺激旅游者的旅游兴趣，不断提高当地的旅游效益。

旅游微博营销在对旅游目的地进行推广宣传的过程中，除了需要平衡旅游者与旅游地居民等利益相关者的利益之外，还需要满足旅游企业营销机构、微博平台广告商、门户网站运营商等利益相关者的利益和诉求。对旅游目的地而言，吸引目标顾客群体，提升旅游产品口碑，获得流量，招揽旅游客源是重要目标；对门户网站经营者来说，吸引广告商获得流量和利润是他们经营的目的所在。因此，在旅游目的地进行微博营销的过程中，需要在了解各方面的需求的基础上，进行整合营销，实现多方共赢。

4. 旅游微博营销案例

案例一：新浪——带着微博去旅行

案例背景

"带着微博去旅行"是目前中国互联网史上最大的一次旅游人群总动员。这场全民旅游"盛宴"约有 3 亿人次参与互动，在微博上建立了包括北京、

上海、美国、墨西哥等国内外 99 个目的地页，让"带着微博去香港""带着闺蜜去旅行""旅行最美风景照"等多个活动话题火爆微博。与此同时，明星、红人、企业机构、景点、旅游局也积极参与，共同掀起了一场线上线下共舞的全民旅游热。"带着微博去旅行"成为一种时尚，颠覆传统旅游业的互联网创新营销模式，形成闭环营销服务体系。

营销目标

"带着微博去旅行"最终数据统计显示，活动期间，共有 268 家企业、政府、旅游机构等合作方，以及 99 个线上目的地页面参与，合作伙伴包括从省级到县级的各级政府旅游局、各级风景区，涵盖旅行社、航空公司、酒店等旅游消费类商家及旅游周边中小企业等，为参与活动的用户提供了覆盖"住、行、游、购"一条龙体验的丰富旅游服务，激发用户发微博参与 UGC（用户生成内容）推广模式。

越来越多的企业和个人通过微博的话题运营，引发网友 UGC 的话题讨论，共同催热这场线上线下齐发力的全民旅游总动员，旅游企业、机构借此机会获取好感，建立关系，形成闭环营销服务体系。

目标受众

关注旅游的微博用户。

传播策略

2020 年 10 月 8 日，新浪微博上有约 3 亿人次参与互动的"带着微博去旅行"活动话题运维正式开放，认证企业机构和个人用户都可以自己创建

"带着**去旅行"模式的话题,成为话题主持人参与活动,通过审核后进入#带着微博去旅行#大活动的子话题。策划话题以低门槛,易参与为前提条件,充分调动用户自发提供 UGC 的参与热情。

执行过程

"带着微博去旅行"项目是目前中国互联网史上最大的一次旅游人群总动员。对广告主来说,通过微博的话题开放形式,创建话题,有利于提升品牌形象。对旅游业和旅游者来说,可以通过大数据分析看出旅游业的最新趋势和热点。这是一次中国社会化媒体有益尝试。

本次活动利用合作企业、明星、微博粉丝构成了一个三位一体的营销圈,形成了一个天然的关系网络,三方利益很自然地嵌入其中,企业获得了营销机会,明星增长了粉丝,微博粉丝获得了奖品。参与企业发布了大量"带着**去旅行"的相关话题,为产品制造了营销机会,提高了用户黏度。

效果总结

"带着微博去旅行"作为中国互联网史上最大的一次旅游人群总动员,吸引约 3 亿人次参与互动,发布 9 493 万条微博、1.3 亿张原创图片;全面覆盖旅游及周边各行业,共有 268 家企业、政府、旅游机构等合作方,以及 99 个线上目的地页面参与,打造了活动相关的旅行话题,并演绎出不同的旅行创意与网友深入互动,其间合作方累计增加粉丝总计 1 097 万人次。以 "@北京园博会"为例,利用这次活动,@北京园博会发起了"带着微博去看鸭"的旅行话题,并申请成为主持人,借势进行话题营销。伴随着 2020 年 9 月 6 日"大黄鸭"首度园博园亮相,"带着微博去看鸭"话题冲刺为微博热门话题第一

名，并以近 114 万个话题讨论量连续三天居旅游类热门话题榜首。

案例二："中国台湾地区旅游观光网络宣传合作"微博营销

中国台湾地区在开放大陆游客"自由行"政策正式宣布时，规划了以中国台湾为主要目的地，引导大陆游客对台湾进行更加深刻的了解与体验的宣传方案。由于互联网主要的使用人群是中国台湾自由行的主要目标客户，所以其希望能够通过网络活动与网络媒体宣传等来吸引大陆观光游客，旅游电子商务中最成熟并且规模最大的携程网成为其主要合作对象。

根据中国台湾地区的旅游目的地属性，对大陆旅游消费者来说，互动营销的方向已被明确确定下来，具体方案包括以下 6 个部分。

① 加强搜索引擎关键字，让信息更容易被用户搜索到。通过对关键字的整理，如台北、台湾、明扬书屋、101 大厦等信息结构的整理，在用户搜索任何相关信息时，都统一定为台湾进行网络专询。

② 旅游目的地网络专卖店（专辑）的建设。利用台湾旅游网络专卖店的页面，以"怀旧""乐活""生态""时尚"及"文创"五大主题，介绍台湾旅游的特色。丰富的台湾旅游资讯仍需搭配具体旅游产品的销售，才能让想赴台湾自由行的游客成行。而旅游产品销售是旅游电子商务企业最具有竞争优势的地方，不但可以配合主题研发产品，还可以由用户自由组合地将这些景点推荐，定制出自己的专属行程。同时，页面配合"微博说台湾"网络活动的宣传，以及台湾旅游网的延伸链接和最新旅游看板的新闻链接，使台湾旅游的资讯丰富，产品齐全，并且权威。

③ 微博营销活动的展开。以"微博说台湾，一游未尽，台湾玩不尽"为

主题的微博营销活动,鼓励客户前往台湾旅游期间,将其所见所闻通过微博进行发布。微博活动通过分享游客自身的体验和感受,达到口碑营销的效果,并通过名人参与口碑扩散、话题讨论,宣传台湾的产品服务、旅游价值和品质,从而赢得潜在消费者。在活动期间参与人数高达 2 243 人,发送微博数量高达 12 710 条,成为当季携程旅游同期微博活动"转发率最高"的活动。

④ 手机 App 程序的开发及营销。随着智能手机的广泛应用,移动 App 程序成为目前最流行的工具之一。台湾旅游 App 使追求新鲜感、讲究效率的手机用户能快速地接收台湾的旅游资讯,引领风潮。在台湾旅游 App 程序中,内置台湾的住宿、景点、美食、商家、线路推荐等各种各样的旅游讯息,让旅客及时下载即时使用,享受台湾旅游的乐趣。

⑤ E-mail 推送。除主动登入旅游电子商务平台的网友能够接收到台湾相关资讯外,为强化广告的影响力,活动还给精选会员发送电子邮件,吸引更多的消费人群参加互动活动,提升目的地的宣传效果。

⑥ 官方旅游新闻的实时滚动发表。为加强台湾旅游资讯宣传的效果,在台湾网络专辑的特定区域,特别建设了供台湾市观光传播局宣布活动讯息的区域,将有台湾旅游的相关资讯在页面上及时滚动,让游客尽管未到台湾,但可以对台湾的旅游资讯有所了解,让信息的传播价值更加高效,可靠度得到增强。

观察本次网络互动营销的效果,其中最显著的特点是:各种互动营销的整合使用,使得本次活动参与度非常高,对旅游目的地的传播效果也非常显著。同时,此次目的地营销活动对当期旅游人次的提高也有着极大的帮助。旅游人数上比预期的人数多了一倍以上,已成为2011年旅游营销的经典案例之一。

旅游电子商务企业在目的地营销上统一多种渠道和方式进行互动营销活动。从用户体验入手，创建旅游目的地旅游营销模型。在此模式上，以旅游电子商务企业作为旅游营销的主体，充分地表现了电子商务的互动性及交流性，突破了一般媒体平台与销售无法挂钩的局面，将"用户"和"目的地"有效地结合在一起，将"营"与"销"紧密地联系起来，为旅游资源提供方带来可观的营收及知名度提升，是对原有旅游营销的巨大创新。①

第二节 微信营销

1. 旅游微信营销的定义

旅游微信营销是指，以微信为营销平台，将每个关注者作为潜在营销对象，各个地方的旅游政府部门及旅游企业可以通过注册官方微信，不断更新官微推文，向网友传播目的地旅游信息、介绍旅游路线、提供出行攻略、推介地方美食、推广旅游目的地等，树立良好的旅游企业形象、旅游目的地形象及产品形象，来达到营销目的的一种营销方式。

智能手机的普及带动了移动互联网的快速发展。旅游微信营销是伴随着移动互联网背景下微信的广泛应用而产生的一种网络营销方式，具有用户群庞大、移动终端多、社交聊天便利等优势，是互联网经济时代企业对传统营

---

① 资料来源：李宏. 旅游目的地新媒体营销：策略、方法与案例[M]. 北京：旅游教育出版社，2021.

销模式的创新。

旅游用户在注册微信后，可以通过扫描识别二维码身份添加朋友、关注企业号订阅所需信息，并通过微信随时随地获取自己所需的相关信息，不间断地分享自己的旅游体验，并将体验通过微信迅速传播出去。

旅游企业则可以通过微信开放平台推送相关信息，应用的开发者还可以将企业的 LOGO 放入微信公众号，使用户可以便捷地在会话中调用第三方应用进行内容选择与分享，最终让每个用户都能接收到产品和服务，继而帮助商家实现点对点精准化营销。

2. 旅游微信营销的优势

（1）用户基数庞大。

微信（WeChat）是腾讯公司于 2011 年 1 月 21 日推出的为智能终端提供即时通信服务的免费应用程序，由张小龙所带领的腾讯广州研发中心产品团队打造。微信支持跨通信运营商、跨操作系统平台通过网络快速发送免费（需消耗少量网络流量）语音短信、视频、图片和文字，同时，也可以使用通过共享流媒体内容的资料和基于位置的社交插件"摇一摇""朋友圈""公众平台""语音记事本"等插件。

我国微信的用户数量在 2018 年已超过 10 亿人。2020 年第一季度，微信及 WeChat 的月活跃账户达 12 亿，同比增加 8.2%。微信通过"小程序"进一步融入日常生活服务，尤其是在日用品购买及民生服务方面。这令"小程序"用户迅速增长，日活跃账户数超过 4 亿。2021 年，微信"小程序"日活超过 4.5 亿，日均使用次数相较 2020 年增长了 32%，活跃的"小程序"则增长了41%。

微信庞大的用户基数决定了旅游微信营销的潜在目标群体用户数量庞大。有微信用户的地方就有营销市场，旅游微信营销通过官方公众号、小程序、微软文、宣传广告等方式将当地产品以最快的方式呈现给游客。

（2）目标用户细分精准化。

在旅游微信营销过程中，越来越多的旅游企业和政府单位开始应用微信公众号和小程序，根据后台统计数据分析掌握潜在用户的地域、消费需求、消费习惯等，将粉丝分类精细化，将用户需要的信息精确地推送给潜在消费者。公众号后台的"用户管理"模块可将自己的粉丝群细化分组，分人群进行相关产品信息的推送，从而实现精准化地服务于细分用户。

通过旅游微信营销，旅游企业可以与旅游用户建立友好关系，通过微信发送的营销信息，引起用户的关注，拉近旅游营销者和旅游用户之间的关系，加强用户和传播者的联系，让旅游用户通过微信推送信息了解旅游企业或旅游地的近期现状。与此同时，通过微信信息发布，还能让用户参与活动，提升旅游用户对旅游品牌的了解和信任，与旅游消费者通过互动加强彼此之间的联系，产生更大的价值。

（3）营销模式多样化。

与传统旅游营销的单一模式相比，旅游微信营销模式更为多样、生动、有趣，更便于旅游者接受和传播。旅游目的地可以通过微信小程序、微信公众号、直播、短视频等营销形式让用户关注相关信息，从而达到旅游微信营销的目的。

旅游微信营销形式多样，常见的有以下几种：一是通过"发红包"的形式扩大旅游产品的销售；二是通过点赞、集赞的形式参与产品优惠活动；三是通过转发朋友圈取得折扣或优惠。通过以上方式，旅行企业或相关部门可以收集消费者数据，按照分析建立不同的游客微信群，开展有针对性的促销活动或旅游信息宣传推介。这样的旅游微信营销模式和传统营销模式相比，更容易获得旅游消费者用户的青睐。

（4）用户信息真实性更强。

由于微信要求用户进行实名认证，且消费者的微信账号更多地与自己手机号绑定，微信用户信息价值和真实性更强。旅游目的地可以充分掌握用户的基本信息，从而分析旅游消费者需求数据，实现精准营销与服务。与传统营销模式相比，旅游微信营销更容易被消费者所使用和接受，微信用户可以选择接受旅游目的地相关企业的信息，也可以拒绝接受不感兴趣的信息推送。同时，微信公众号和"小程序"功能的互补作用，给用户更多的信息选择权，充分考虑了用户的切身感受。

与此同时，微信用户以手机通讯录和 QQ 好友为基础的强关系链接网络具有实名制和社交私密性的特点。这种基于强关系发展起来的特点，非好友无法查看他人评论等设置都保证了私密性。陌生人的言论人们可能不信，但朋友之间的信息传播更加可信，如果游客愿意为旅游企业或产品在其朋友圈宣传，可带来直观、有效的效果。

（5）低成本。

与传统媒体较高的推广宣传成本相比，微信推广的成本较低，尤其是在用户关注公众号之后，每次群发推送图文内容，都是通过电脑来进行的。用户需求的把握和公众号设计，可以根据用户反馈和后台数据及时调整，效果不好的设计和内容可以在第一时间进行修改，修改的成本几乎为零。

微信用户只要关注了某一个旅游公众号，那么该旅游公众号发布的信息

就会被用户100%接收到，成本几乎为零。旅游企业还可以低成本地使用微信统计数据，直观地看到用户数量变化趋势及用户的性别、语言、地理分布及所占比例等特征，通过图文分析，可以直观看到用户接收、图文阅读、分享转发次数、原文阅读次数等信息。这些数据的获取与传统营销相比成本低、信息准确且快速。

3. 旅游微信营销策略

（1）直复营销策略。

直复营销策略是指，在公司和消费者之间建立的产品和服务营销的直接渠道，省去一系列中间环节的一种营销方式。直复营销具有跨时空性、互动性、一对一服务性和营销效果可测等方面的特点，可通过互联网使企业和消费者之间实现直接地信息交流和沟通。消费者可以根据产品信息进行购买，企业可以从消费者的信息中不断得知其需求，对需求进行经营和管理，从而减少费用。

旅游目的地的政府和企业可利用微信平台功能实现智慧旅游服务、智慧旅游管理、智慧旅游在线支付、智慧导览图、游客评价、语音解说等功能，并通过GPS定位功能向旅游者展示旅游目的地的衣、食、住、行、娱等，将微信公众平台全力打造成具有权威性、亲和力、影响力的直复式营销旅游官方微信平台。

（2）精准营销策略。

精准营销（Precision marketing）指，在精准定位的基础上，依托现代信息技术手段建立个性化的顾客沟通服务体系，实现企业可度量的低成本扩张

之路,是网络学院营销理念中的核心观点之一。

对旅游业来说,作为一个精准营销的平台和强大的用户管理平台,微信具有精准营销的天然优势,可以更为精准地关注旅游爱好者,进行有针对性的微信营销,而且微信可以根据旅游类企业的业务定位及用户关系管理的不同类型进行个性化管理。

(3)朋友圈口碑传播策略。

旅游业通常具有较为明显的口碑效应,当微信用户游客计划外出旅行时,之所以会选择某个地方作为自己的目的地,可能是因为在网上看到身边亲朋好友写的游记,看到朋友圈的图片,被当地的美景所吸引;也可能是因为身边的朋友曾经去过,听了朋友的描述之后,对这个旅游景点产生了好奇和向往。对于旅游业来说,身边亲朋好友的旅游推荐往往会成为其他人做出旅游决定的重要因素,因此旅游目的地在进行微信推广时,将优质的服务和产品体现出来,给潜在旅游用户一定的视觉上和心理上的冲击,并通过这些直接用户进行旅游微信口碑传播,从而形成良好的社会和舆论影响。

4. 旅游微信营销效果

(1)旅游目的地微信营销。

① 旅游目的地微信营销的效果。

随着微信的普及,各旅游目的地的旅游局运用微信平台进行宣传营销,取得了显著效果。旅游局充分依托网络媒体优势,不断加强官方微信平台建设工作,借助微信"点对点、速度快、传播广"的特点,抢抓发展机遇,大力宣传当地优秀旅游资源,推介经典旅游线路,挖掘旅游新产品。

粉丝数量稳步攀升。各地旅游局官方微信公众号倡导创新语言的表达方式，突出亲民、体验、参与的特点，全力打造"最接地气""最有亲和力"的互动平台。给广大游客和市民呈现出活泼有趣的文风和丰富翔实的内容，受到了游客和市民的高度认可和热切关注，获得了大量的粉丝。

文章浏览量大幅提高。旅游局微信平台发布的信息持续吸引粉丝关注，各类旅游推介类文章获得了极大的阅读量。

（2）旅游目的地微信营销策略。

旅游业在做好产品的同时，营销也显得日益重要。随着科技的发展与进步，借助新媒体优势的各种营销手段层出不穷，旅游业往往是最先应用新兴营销手段的行业。因此，微信营销刚一出现，很多政府机构和旅游企业就开始关注并利用微信进行推广、宣传。尤其是微信所拥有的以熟人关系为基础的"强关系"和"口碑传播"的优势，使其成为旅游业的一个天然营销平台。旅游业的微信营销策略主要包括 4 个方面：口碑传播、内容为王、用户管理、活动推广。

① 口碑传播。

口碑传播是指一个具有感知信息的非商业传者和接收者关于一个产品、品牌、组织和服务的非正式的人际传播。

② 内容为王。

旅游目的地各单位的微信公众号在推送消息时，都会保证内容的高质量，在文章中做一些有趣的展示，如采用比较新奇的形式来介绍某个旅游城市经典的美食、文化、历史等；推送一些个性化、实用性的信息，如前往某个目的地的注意事项、小攻略、文化差异等。最重要的一点是，实现内容的差异化，并重视内容的原创性。通过一定的刺激手段，吸引用户将自己

的旅行经历写成游记，挑选其中一些精华发布到微信上，一是增加了微信内容的丰富性、实用性；二是建立与用户的互动，有利于增加用户黏性，提高关注度。

③ 用户管理。

旅游目的地在微信营销的过程中。应该特别重视营销管理，可以对微信用户进行调查，根据用户的好友数量对他们进行分类，将那些拥有 500 个以上好友的用户列为核心用户，对他们进行重点耕耘。例如，增加一些对应接口，让微信用户与消费数据绑定，让用户能方便地查到自己的消费记录、代金券、特权等。除此之外，还可以通过微信提供一些用户便捷服务。出去旅游需要订机票、订火车票、订酒店、查路线、搜索当地美食等，如果这些过程都能够通过微信公众号来完成，用户就会感觉非常便捷、贴心、对旅游目的地的信任度也会大大提高。

④ 活动推广。

微信作为社交工具，主要属性就是沟通，因此它是活动推广的天然平台。对旅游业来说，这点尤为突出。通过活动推广，旅游目的地微信公众平台不但能够吸引更多的用户关注自己的账号，还能鼓励用户分享、转发活动信息，提高用户活跃度。对旅游业的微信营销来说，活动推广是非常重要的一个环节，它的作用是多方面的，能够唤醒那些潜在用户，使他们活跃起来；能够借活动的机会提高微信的"转化率"，将用户的参与度转化为经济效益；通过这些推广活动，达到与用户的高频率互动，使用户加深对品牌的认识与了解，提高用户对品牌的忠诚度。

总而言之，微信已悄无声息地改变了旅游业的新格局。微信所具有的重视与用户进行互动与沟通、低廉的运营成本、用户基础广泛等优点，既给旅

游业带来了不小的挑战,也带来了巨大的机遇。旅游类企业应该善于利用微信营销这一利器,不断挖掘和传播品牌价值,为用户提供更到位、更人性化的服务,从而在未来的旅游业新格局中充满竞争力。

5. 旅游微信营销案例

案例一:创意科普,让国宝走近青少年

《如果国宝会说话》与以往"高冷"的文物纪录片有所不同,形式活泼灵动,内容精巧有趣。《如果国宝会说话》(第三季)在技术手段和表现手法上进一步升级,为观众打造动态的文物表现和沉浸式体验。节目组采用了很多新的技术表现,如片中一幅幅古画变身为"定格动画"。敦煌飞天的舞姿、随唐太宗开疆拓土的奔腾骏马、"对偶神"伏羲和女娲,所有曾需"脑补"的对象,都真正实现了"跃然屏上"。《如果国宝会说话》打通纪录片的"营销壁垒",契合互联网融媒体传播特点,深入挖掘国宝的独特魅力和文化内涵,真正让国宝"活"起来,走进了大众视野。

同时,《如果国宝会说话》(第三季)还突出了纪录片及文物的教育功能,加强中华优秀传统文化的传承。该片以问题为驱动,以回复国宝留言为引导,融合基础学科,综合运用多种教学方式,唤起孩子对中华文明的感官认知;通过古老的文物激发孩子对知识强烈的好奇心和探究欲。央视在六一儿童节发起了"送给青少年的一堂课"主题教育活动,重拳推出了《如果国宝会说话》六一"云开课" 青少年听课答题、争当国宝"推荐人""送给青少年的一堂课"的三重价值等口碑稿,突出该活动开创了文化教育的融合模

式,真正让国宝走近了青少年:"人头壶为什么流泪?"北京的孩子模仿人头壶的凝望,在风趣幽默氛围中知道了人头壶的用途。"跪射俑为什么跪着还能那么稳?"孩子们用"二次元"的方式画出了跪射俑背后的三角稳定原理,让大家秒懂文物描述的经典力学原理。远在新疆克拉玛依的孩子们直接将数十件文物串联在一起,在"何尊"上找到"中国"二字,在辨识甲骨文中寻找自己的姓氏,思考"我是谁、我从哪里来"……

可以说,"送给青少年一堂课"的云课堂模式,通过精准传播策略的执行,将文化自信、立德树人、中华文明脉络这样宏大的主题以轻松化、游戏化的方式送达全国各地,把"爱我中华"的种子埋进了每个孩子心灵深处。

无论是口语化且不失韵味的"充电5分钟,穿越5000年",还是以胖为美的"大唐胖妹"唐代仕女俑,抑或是"送给青少年的一堂课",君和传媒在《如果国宝会说话》(第三季)的推广过程中积极拥抱潮流文化,注重与年轻人互动,既有传统媒体的深度报道,又有创意主题活动、微信软文等"短平快"营销信息的即时扩散,且这些营销手段彼此互补共振,使得该片的高度、深度、热度和娱乐趣味性齐显,营销效果倍增,强势打响了《如果国宝会说话》(第三季)的纪录片品牌。

案例二:"大连圣亚海洋世界"的微信营销

大连圣亚——中国最浪漫的海洋主题乐园、浪漫大连第一站——"大连圣亚海洋世界"位于星海公园内星海广场西侧,面朝大海,与东北最大的游艇码头为邻,星海公园海滨浴场及星海湾海滨浴场信步可至,共有圣亚海洋世界、圣亚极地世界、圣亚深海传奇、圣亚珊瑚世界、圣亚恐龙传奇五大场

馆，营业面积超过 5 万平方米，是集海洋极地环境模拟、海洋动物展示表演、购物、娱乐、休闲于一体的综合性旅游项目。

大连圣亚微信内容分析

微信公众号文章

从标题来看，用户体验是否良好的关键在于，用户在体验景区产品时能不能方便、简明快捷，而大连圣亚把文章分类为特惠篇、打车篇、飞机篇等。不同的内容专题适应不同用户的需求，合理地避免了用户在选择上的困难。

从文章图像来看，为每个专题制作相对应的图像，对用户来说，有利于

培养用户习惯，让用户熟悉图形所带来的含义，减少用户思考。而对运营人员来说，有利于规范工作流程，避免运营人员因找不到合适尺寸的图像，而盲目地选择图片，造成用户体验下降等问题。

微信功能

在线订票

开通在线订票功能是为了打通线上线下的渠道，需要强调的是在线订票里的"促销活动"功能。有些运营人员在开通在线支付后就置之不理，天真地以为用户会自己送上门，这是非常错误的想法。要知道，你希望用户做的

任何事情，哪怕是点击一个小按钮，都是需要运营人员花心思去引导的。大连圣亚在活动促销上根据当时主要消费人群（大学生）制定了组合套票优惠活动，其目的是引导微信公众号的大学生用户点击在线预订，从而实现用户线下转化。

海洋会

许多景区运营工作人员都说要建立用户会员制，这样能有效管理用户，以及进行用户数据分析。但运营人员却很少思考用户为什么要成为会员。用户是否成为会员的主要因素是，景区能给用户哪些特殊权利，而上图"海洋会"年卡权益的目的正是宣传会员用户与普通用户的权益不同。造成这种等

级差异的目的就是促进普通用户与会员用户的转化。

微景区

由于运营人员需用引导用户在线订票与注册会员，因此会采取一些措施。例如，促销活动是为了引导用户点击在线购票，"年卡权益"是为了引导注册会员。这样做的缺点是，导致功能排版比较混乱，当用户想起某些功能时却不知道这项功能在微信公众号的哪个位置。而微官网正是解决排版混乱的一个措施，把所有的微信功能进行汇总，用户想使用的产品功能都可以在这里轻易找到。

微信活动

活动内容：大连圣亚海洋世界为孤独自闭症孩子献爱心，与大连出版社合力推出众筹活动，用户可通过圣亚官网购买图书《吹鲸哨的孩子》，购书即可获得一个金属定制爱心书签，售书所得款会用于孤独症爱心事业。

爱心活动页面

活动的形式与创意在很大程度上是基于景区主要目标群体决定的。主题类景区的主要参观人员是亲子，其次是情侣，再次是朋友。如何抓住亲子这一类群体是主题景区活动运营人员的工作重点。因此，大连圣亚的活动微海报在设计上以清新的色系和卡通造型为统一基调，契合孤独症爱心事业的公益性质，再配上动心煽情的文案，可第一时间抓住用户眼球，吸引读者。

大连圣亚为什么做本次活动？

第一，国内主题公园同质化已经较为严重了。而大连圣亚景区在本地区罕见地出现了同样以"海洋世界"为主题的另一个5A景区。一个4A景区（大连圣亚）和一个5A景区，在资源调配上本来就不平等，因此本次活动的真正目的并不是增加业务销售，而是提升大连圣亚在本地亲子用户群体中的影响力。

第二，本次活动把买书获得的善款全部捐给孤独症康复机构。大连圣亚这一举动既可以促进亲子用户购买《吹鲸哨的孩子》书籍，还可以使大连圣亚品牌产生良好的品牌形象，最关键的是，由于此次活动是公益性质的，是正能量，符合主流媒体的价值观，会吸引媒体报道，增加活动曝光程度，从而提高和培养本地亲子用户对大连圣亚品牌的认知度。

第三节 抖音短视频营销

1. 旅游抖音短视频营销的定义

旅游抖音短视频营销是指旅游目的地利用抖音平台作为与旅游消费者信息交流和传递的媒介,借助抖音短视频的形式来介绍旅游线路,推介当地美食,分享旅游心得体会,提供出行攻略等,实现对旅游目的地的形象塑造,从而达到营销目的的一种营销方式。

2. 旅游抖音短视频营销的优势

(1) 内容多元化、创意性强。

内容的多元化和创意性是抖音短视频旅游营销的核心竞争力。优质的景点本身具有极强的风土人情和特色,包含着丰富、优质的旅游资源。我国地大物博,很多自然旅游景区极为震撼,多元融合,妙趣无穷。旅游者利用抖音视频平台,不但可以嵌入丰富的特效,还可以选择海量的酷、炫、潮的流行歌曲,其中的大多数歌曲具有节奏感强、魔性十足的特点,令视频极具艺术感、创造性,并且极具现场感。观看的网友可以转发抖音短视频,使抖音用户量瞬间呈现井喷式增长,运用这些优质海量短视频将抖音用户吸引住。

据抖音公布的数据显示,每天有近 2 000 万条原创抖音视频被记录与上传，内容覆盖各行各业，涉及日常生活的抖音短视频占比高达近30%，其中旅游视频多偏于原生态、朴素的日常生活视频，是旅游目的地生活与文化的一种体现。

（2）内容短而精悍、亮点突出。

旅游抖音短视频的最大优势是短小精悍。旅游者上传的抖音短视频展现了旅游目的地最精华、震撼、吸引人的亮点，把所有的力量都集中到这一个点上。抖音平台借助用户年龄层涉及面广，旅游者追求新意独特，喜欢玩乐的显著特征，在创作的过程中，不断打破内容形式的边界，在内容之间进行碰撞，打造出新热点，利用短而精悍的抖音短视频迅速突出旅游景区的亮点，在短时间内对用户产生一系列的消费刺激。

另外，由于抖音作品的"分享"功能，容易在热门的网站平台、微博热搜、朋友圈等引起人们的关注，成功通过其他热门平台导流。同时，旅游企业和政府相关部门通常会通过与网络红人合作的方式来增加旅游目的地的曝光度，提升旅游目的地的吸引力。例如，网红环球旅游博主拥有近百万粉丝，拍摄创意旅游观光视频，包括酒店试睡、目的地观光、创意玩法推荐等，具有一定的借鉴性和较强的传播性。

（3）内容契合度强、接受度高。

与其他短视频平台不同，抖音不仅是旅游短视频的分享平台，还是粉丝社群的社交平台。抖音短视频鲜明的产品特征令旅游目的地收获了与其特性相契合的市场。旅游抖音短视频营销包括抖音运营方、旅游地、博主和粉丝4方面的参与主体。这些参与主体在抖音平台上既能够满足各自的需求，又能够创造价值。抖音平台会对提供优质内容的博主提供一定补贴。而对于粉丝量达到十万甚至百万级别的"大咖号"，博主还可以选择与商家合作以寻求流量变现。旅游地成为网红以后，游客量和旅游收入显著增加，平台运营方也将获得不菲的投资和广告收入。实际上，抖音早已开启了变现之路。

根据 2022 年《中国互联网络发展状况统计报告》显示，我国人均上网时长保持增长，截至 2021 年 12 月，我国网民人均每周上网时长达 28.5 个小时，较 2020 年 12 月提升 2.3 个小时，互联网深度融入人民的日常生活之中。2021 年，我国互联网应用用户规模保持平稳增长，即时通信等应用基本实现普及。截至 2021 年 12 月，在网民中即时通信、网络视频、短视频用户使用率分别为 97.5%、94.5%和 90.5%，用户规模分别达 10.07 亿、9.75 亿和 9.34 亿。在线办公、在线医疗等应用保持快速增长，截至 2021 年 12 月，在线办公、在线医疗用户规模分别达 4.69 亿和 2.98 亿，同比分别增长 35.7%和 38.7%，成为用户规模增长最快的两类应用。

其中，抖音用户主要为一、二线城市居民，涉及群体面广。不但年轻人喜欢使用抖音，中老年用户也慢慢成为抖音的用户群体。抖友们在免费观看视频、参与互动的过程中贡献了自己的时间和注意力，创造了流量。抖友中的大多数是善于创造，乐于分享的，对于互联网产品的参与意愿很高，有着较为强烈社交需求的人群。抖友们一方面通过拍摄和上传短视频来吸引关注，同时带动抖友之间的视频创意比拼。与传统的营销模式相比，动态短视频社交模式呈现出更强的交互性和参与性。在旅游类视频里，用户能够更加生动全面地了解到景区的全貌。另一方面，观赏视频的抖友会在评论区与博主进行互动，抖友会对视频内容和质量进行点评，询问景区的名字和位置，交流旅游体验心得等。抖音评论区的互动不仅具有第三方推荐的信任优势，还让评论本身成为优质的体验内容。抖友们把去网红景点"打卡"当成一种义务，具有很强的认同感和归属感。

（4）共生的机制。

基于优秀的产品和模式设计，抖音构建了一个"互利共生"的生态圈。抖友为抖音提供视频内容和吸引流量，因自己成为关注焦点或意见领袖而获得心理满足感。在运营初期，从"海底捞神秘吃法"到"网红奶茶的隐藏菜单"，抖音的每次动作都能引发抖友的疯狂传播，甚至导致多个地方卖断货，堪称"网红制造机"。目前，抖音与旅游营销的融合已经开始进入更为成熟的新阶段。2018年4月，西安市旅游发展委员会与抖音短视频达成合作，双方计划基于抖音的全系产品，通过文化城市助推、定制城市主题挑战、抖音达人深度体验、抖音版城市短片来对西安进行全方位的包装推广，用短视频向全球传播优秀传统文化和美好城市文化。旅游已成为抖音"美好生活计划"的重要组成部分。在抖音搭建的共生平台之上，旅游营销具有无尽的想象空间。

3. 旅游抖音短视频营销策略

（1）分众营销。

分众营销是指在最恰当的地点，用最精确、经济的方式把产品卖给最需要的目标消费者，最大限度地降低成本和杜绝费用浪费，将营销的效力发挥到极致的一种营销方式。此理论的创立者是中国著名品牌营销专家左亮先生。

进行分众营销，首先必须明白谁是产品的目标消费者、谁来为产品买单，所以第一步就是锁定分众目标消费群体。传统的营销观念认为，品牌的目标消费群体越大，产品的销售面就越广、销售量就越大。然而，随着同质化产品的增多，品牌与品牌之间目标消费群体的重叠现象也越来越严重。同

一功效阵营的产品品牌，很难区分自己的目标消费群体，与竞争对手的目标消费群体有什么本质上的区别。于是，这一现象导致了不同品牌对同一目标消费群体的重复营销攻势，使得资源被极度浪费，而结果却往往收效甚微。无数的事实说明，随着竞争的加剧，不是目标消费群体越大，产品的销售面就越广、销售量就越大；相反，只有进行科学的市场细分，品牌才有出路，才有可能在白热化的竞争中胜出。

网络正在创造新时代，为文化创造新空间，使其拥有无限的潜力和发展可能。随着互联网的发展，越来越多的文化资源得以通过互联网传播。抖音就是典型的依托消费市场，依靠科技创新成长起来的网络文化新平台。网络正在成为新时代旅游发展的新动能，使旅游者和企业家有了更多的选择。越来越多的游客会在出行前浏览抖音等平台查找游玩攻略、预订航班和酒店，抖音平台可以根据顾客的浏览记录和查询记录找到自己的目标顾客群体，例如，可以按照不同年龄、性别、教育程度、消费偏好等对消费者进行细分，有针对性地进行集中营销，用最精确、经济的方式，把旅游产品卖给最需要的目标消费群体。这样一方面降低了成本，杜绝了浪费，另一方面又将营销的效力发挥到了极致。

（2）关系营销。

广义的关系营销是指企业通过识别、获得、建立、维护和增进与客户及其利益相关人员的关系，通过诚实的交换和服务，与包括客户、供应商、分销商、竞争对手、银行、政府及内部员工的各种部门和组织建立一种长期稳定、相互信任、互惠互利的关系，以使各方的目标在关系营销过程中得以实现的一种营销方式。狭义的关系营销是指企业与客户之间的关系营销，其本质特征是企业与顾客、企业与企业间的双向的信息交流，是以企业与顾客，企业与企业间的合作协同为基础的战略过程，是关系双方互惠互利的营销活动，是利用"控制与反馈"的手段不断完善产品和服务的管理系统。关系营销的核心是留住顾客，提供产品和服务，在与顾客保持长期关系基础上开展营销活动，实现企业的营销目标。实施关系营销并不以损害企业利益为代价，关系营销提倡的是企业与顾客策略。

在旅游抖音短视频关系营销策略中，企业与客户之间的关系是所有关系中最为重要的环节。抖音短视频利用自身的商业化模式，与各个旅游目的地进行战略合作，和各地的旅游部门发起一系列抖音平台运营活动。运用关系营销，首先，要利用自身平台优势，通过策划事件营销、利用商家号、精准推等方式为旅游目的地宣传、传播。其次，有利于旅游企业巩固已有的市场地位和开辟新市场，还有助于旅游主体间多角化经营战略的展开，从而减少无益竞争，达到共存共荣的目的。最后，有利于协调旅游企业与政府的关系，创造良好的营销环境。企业与政府间的密切合作，要求所有企业的一切活动必须有利于实现政府宏观调控的目标；而政府的宏观调控，又要有利于企业开拓市场，促进社会经济的发展，实现双赢的目的。

4. 旅游抖音短视频营销案例

案例一：抖音短视频助农打开"云"上销路

最近，大批特色农产品正从福建龙岩走向千家万户。抖音电商 2022 年 3 月 31 日发布的数据显示，自打"山货上头条"公益项目走进福建龙岩，在为期 7 天的线上助农活动中，45.2 万单龙岩农特产通过"兴趣电商"销往全

国,包括约 90 万斤地瓜干、276 万颗鸡胸肉丸、覆盖 200 亩地的龙岩花生,以及上万盆漳平油画吊兰和杜鹃花。此前进行的"冬季山货节"活动期间,该平台共助销 547.3 万单农货。

这只是短视频、直播为农产品打开云上销路的一个缩影。中国农业科学院农业经济与发展研究所农产品电商课题研究组日前发布的《短视频为新农人搭建平台,助推农业高质量发展》报告(以下简称《报告》)指出,以抖音等平台为代表的"三农"短视频,为传统农业注入了新的发展理念、方式与动能,为优化农业产业体系、生产体系和经营体系,促进农业高质量发展探索了可行路径。

《报告》认为,短视频平台帮助生产端、消费端直接衔接,农产品不需要经过中间渠道的层层加价,生产者由此获得大部分价值增值,可用于加大对生产、选品、物流控制等产品品质关键环节的投入,有助于增加优质农产品供给。

做凉糕、磨豆腐、制腊肉、炖腊肉蹄花汤……打开吴姓姑娘的短视频,每一条都能勾起人们的食欲。也因此,这位来自四川泸州的圆脸妹子在疫情期间成了"全村的希望",不仅通过短视频、直播帮助村民销售了大量当地农产品,还解决了附近村民的就业问题。

"短视频可以形象地展示产品的质量、文化、环境等信息,这是传统电商所不具备的。"中国农科院农业信息研究所的一位负责人表示,传统电商功能以产品销售为主,而短视频和直播可以让电商营销的产品更直观地展现产品特色和优势。此外,短视频和直播平台探索了一种相对可行的基于消费者反馈信息的评价机制。消费者可以在直播平台和农户进行直接对话,及时反馈产品质量,还可以结合产品评价的多少、好坏进行购买决策,这都减少了消

费者搜寻产品的时间和精力投入。

正因如此,传统电商也早就积极布局短视频和直播方式。数据显示,2021年京东生鲜"振兴乡村经济 源头好物产业带直播"项目共建15个直播基地,开展了近2 000场直播活动,解决了近万家商户的农产品、手工业产品等销售问题。

"短视频、直播有助于打通农产品产销通道,推动农产品实现优质优价。"农业农村部规划设计研究院农业发展与投资研究所所长康永兴认为,从产业体系角度看,通过短视频、直播进行农产品宣传与营销,可以开发当地的优质特色产业,打通产销通道,是与"一村一品""一镇一业"等产业发展政策紧密结合的。

中国宏观经济研究院产业经济与技术经济研究所一位负责人表示,大量案例证明,农产品通过短视频、直播平台越来越多地实现了供给牵引和创造需求,增强供给体系对国内需求的适配性;有利于破解农产品供求结构性失衡,农业小生产与大市场矛盾,农村三产融合发展缓慢等现实难题;有利于推进农业和乡村产业多元化、综合化、融合化发展,也为促进农民就地就近就业增收提供了新路径。

抖音发布的数据显示,抖音"三农"创作者中,54%为返乡创业青年,其中,31岁至40岁占比最多,达54%;其次是24岁至30岁。新一代新农人能够熟练使用智能手机和互联网,是短视频、直播创业的主力军。

农业农村部农村社会事业发展中心一位处长表示,短视频已成为服务新农人的重要工具,未来更有可能成为重构联农带农机制的工具。相较传统的"龙头企业+合作社+农民"的衔接机制,掌握短视频、直播技能的新农人可以成为联农带农的载体和关键人,培育更多新的农业经营主体。许多通过抖音等短

视频平台创业的新农人拥有新理念、新技能，对品牌的建立和品质的把控有较高要求，并与当地农民建立了较深的信任关系，可以帮助所在地农民更好地获取市场信息，优化种植技术，形成更紧密、高效的联农带农机制。①

案例二："微旅游""微度假"成为国内旅游主流

2022年"五一"假期，文化和旅游市场平稳有序，"微旅游""微度假"成为主流，"云展演""云演艺"有声有色。经文化和旅游部数据中心测算，2022年"五一"假期5天，全国国内旅游出游1.6亿人次，同比减少30.2%，按可比口径恢复至疫情前同期的66.8%；实现国内旅游收入646.8亿元，同比减少42.9%，恢复至疫情前同期的44.0%。

一、加大优秀文化产品和优质旅游产品供给，满足群众假期出游需求。

各地在落实好疫情防控要求前提下，加大优秀文化产品和优质旅游产品供给，防范游客过度聚集，满足群众出游需求。今年"五一"假期，全国共有8 716家A级旅游景区正常开放，占A级旅游景区总数的61.3%。文化和旅游部推出"乡村四时好风光——春生夏长万物并秀"全国乡村旅游精品线路113条。福建开展"春回福地'艺'起出发"主题文艺活动，推出超过150场线上线下演出和展览等活动。江西开展"红五月再出发"文旅宣传推广季活动，包含了省级层面四大活动及各地市配套活动共1 000多项。新疆结合"肉孜节"举办120项旅游活动和87项文化艺术活动。各地进一步加大惠民力度，增强人民群众的获得感。贵州安排1 000万元资金发放2022年"多彩贵州文旅消费券"，推出国有A级旅游景区门票5折、套票打折等系列

---

① 资料来源：案例改编自中国经济网-经济日报。

优惠举措。四川开展"五一好去处安逸走四川"活动，全省 122 家收费旅游景区实施门票打折、优惠套票等优惠措施。重庆举办"重庆人游重庆"——旅游景区惠民活动，全市 35 个区县、94 个景区推出门票优惠活动。

二、城乡居民出游的空间距离、停留时间和消费活跃度进一步收缩。

疫情防控政策动态调整对全国范围城乡居民旅游休闲消费产生较大影响。九寨沟、杭州西湖等景区客流较往年有较大幅度下降。三亚酒店平均入住率 20.57%，同比下降超 6 成。城市公园、开放式景区景点及近郊周边乡村承载主要休闲需求，主要客源地城市居民休闲空间由城市向周边转移。踏青赏花、民宿度假、非遗体验、郊野露营成为市场主流，家庭亲子休闲自驾游热度不减。江苏、山西、湖北等地立足近程市场特点推出系列特色产品，本地游、乡村游和精致露营等户外活动成为市民群众首选。假日期间，318 川藏线、呼伦贝尔草原线、海南环岛线、甘南陇南环线、香格里拉、广东沿海、伊昭公路、青甘大环线、千岛湖等地区，凭借独特的自然风光受到自驾游爱好者欢迎。

三、乡村旅游热度走高，本地游客成为城郊民宿、露营地消费主力。

近郊周边游带动乡村游热度升温，山居民宿、赏花摘果、农耕研学等绿色、健康的休闲体验活动备受游客青睐。家庭组团式的采摘、烧烤、野炊等休闲方式明显增加，特色度假型民宿、农家乐带动旅游消费，各地民宿价格稳中有升。游客对民宿软硬件质量提出更高要求。露营成为潮流，"赏花+露营""房车+露营""露天音乐会+露营""旅拍+露营"等众多特色精致露营产品受到游客追捧。

四、本地旅游产品创新升级，"云展演""云旅游"丰富文化和旅游体验形式。

市场主体积极创新丰富假日市场。洛阳栾川王府竹海、杭州城隍阁景区和吴山景区、南京大报恩寺遗址公园、甘肃河口古镇等地打造实景户外剧本杀，游客通过换装，根据任务主线游玩整个景区，创新性的文娱场景得到游客好评。疫情防控常态化下，大批线下活动转为线上，河南推出"云展演""云旅游"，举办线上系列演出活动。"安徽文旅"微信公众号推出线上专题宣传活动，让市民云游江淮美景，感受江淮大地的独特风光。广州通过乡村旅游季活动，邀请网红博主、旅游达人、摄影爱好者、媒体代表前往广州乡村深度采风，通过直播的方式展现乡村之美。北京、辽宁、陕西等地不少景区通过抖音、快手等直播平台开启现场直播，通过"边游边解说"的方式带领游客"云游"。[1]

第四节 直播平台营销

1. 旅游直播平台营销的定义

旅游直播平台营销是指在互联网快速发展的背景下形成的以旅游者需求为导向，以在线实时直播为媒介，向大众传播更为真实生动的旅游目的地信息，并与旅游者建立双向互动的关系，最终达到提升旅游目的地形象及旅游

---

[1] 资料来源：文旅之声、中国旅游研究（文化和旅游部数据中心）网站。

产品品牌的知名度，从而影响旅游者决策行为的一种营销方式。

2. 旅游直播平台营销的优势

（1）互动性强。

在疫情防控常态化下，随着虚拟现实、智慧景区等各种文旅消费新场景的出现，在数字技术的加持下，传统文旅产业加速迭代创新。2020年文化和旅游部、国家发改委等部门陆续发布《文化和旅游部关于推动数字文化产业高质量发展的意见》《关于深化"互联网+旅游"推动旅游业高质量发展的意见》，2021年文化和旅游部印发的《"十四五"文化和旅游发展规划》《"十四五"文化产业发展规划》，工信部等十部门联合印发的《5G应用"扬帆"行动计划（2021—2023年）》等，都从顶层设计层面为"5G+文旅"保驾护航。在系列政策和5G、大数据、AR、VR、云计算等技术的支持下，数字文旅逐步成为文旅行业转型升级发展的主要方向。

旅游直播平台在此背景下，运用信息化技术连接供需双方挖掘新的双赢机会，例如，运用"直播+农产品"线上带货直播，各大旅游景点和各大博物馆也开启了VR和直播等旅游新体验，成功地吸引了一大批游客前来旅游。直播能够展现业务优势，扩大旅游企业和相关政府的知名度，构建线上和线下相结合的经营方式，具有实时互动特性，提高了旅游产品的推广速度和效率。

（2）迎合市场需要。

个人和机构经过严格的资料及作品审核后，即可申请成为直播平台的签约主播，创建自己的直播间，拥有自己的管理后台。在直播平台，个人和企

业可以将多种旅游方式和产品类型提供给需要的顾客进行选择。很多直播平台设置了国内游、国外游、短途特色游等不同的旅游直播板块。旅游者在出行前可以按照目的地进行搜索，主播通过实时在线互动，旅游达人进行旅行视频的剪辑和发布，方便、迅速、快捷地推荐好玩、有趣的旅行目的地，可以成功吸引旅游客户的购买。同时，游客可以在社区自由发布旅游日记，记录旅游趣事，完成拼团游，或者寻找同行驴友，寻求同城帮助等。在旅游消费需求转变与旅游目的地市场竞争加剧的双重背景下，旅游+直播带货的营销模式迎合了广大旅游消费者的需求，旅游机构向旅游平台转化已成为市场的新趋势、新方向。

3. 旅游直播平台营销策略

（1）全网营销。

全网营销是全网整合营销的简称，指将产品规划、产品开发、网站建设、网站运营、品牌推广、产品分销等一系列电子商务内容集于一体的新型营销模式，集传统网络、移动互联网、PC互联网、自媒体、短视频、直播等为一体进行营销。全网整合营销的优势在于：精准营销降低宣传成本，提升品牌形象和知名度，规范销售市场，促进整体销量，解决线下销售瓶颈，完善客服体系，强化顾客消费黏性，创造全新的顾客群体。旅游业可以利用全网营销的优势，积极地通过互联网与客户进行沟通。因为全网营销渠道很广，旅游企业和相关政府部门可以更方便地与旅游客户沟通，从而吸引用户对品牌的关注，进而提升企业的品牌形象。

（2）精准直销。

互联网的发展改变了传统商业模式的发展。在直销的发展过程中，打造

直销互联网平台让直销的发展更加迅猛。"互联网+直销"的模式已经成为绝大部分旅游目的地运作的方式。旅游业覆盖的行业面非常广,涉及的内容也非常多,足以形成庞大的旅游产业链,从事旅游电商的企业也多种多样,因此精准旅游首先要做到品牌明确定位,找出旅游产品品牌的特色,通过宣传突出亮点,然后通过精准定位确定品牌的差异性。实现差异化战略,需要细分旅游市场,对旅游企业的产品进行包装。"旅游+直播"的营销方式能够借助短视频平台进行内容精准营销,塑造旅游品牌的形象,占领目标用户市场,将旅游产品品牌深入顾客之心。随着5G时代的到来,移动互联网的使用更加便利,人们使用手机的时间越来越多,可以说用户在哪儿,流量就在哪儿,因此,"旅游+直播"的精准直销模式便于大众接受,互动方式也更多样和有趣。

4. 旅游直播平台营销案例

案例一:"旅游+直播"——张家界创新旅游营销新模式

2017年6月29日上午,"绝版张家界·直播惊世界"第二届中国湖南·张家界民俗文化活动月暨首届国际网红直播旅游节开幕式"千人狂欢大摆手"活动在张家界市武陵源核心景区水绕四门广场正式拉开帷幕,意味着张家界正式进入"全民直播"时代。张家界市委、市政府领导出席了开幕式。

开幕式现场,来自国内外500多名网红参与现场直播,向全球分享与传播张家界绝版的山水风光和浓郁的民俗风情。他们用自己独特的视角、不同

的展示平台，对整个民俗文化月开幕式进行了现场直播，还与现场参与的游客进行了趣味互动。精彩绝伦的民俗风情舞蹈与一系列非遗文化表演，将整个开幕式活动一步一步推向高潮。此次活动为国内首次采用网红直播和全民直播形式进行旅游推介宣传，将直播与旅游紧密结合，举办网红经济论坛，探索实践"旅游+直播"发展模式，并将直播从室内泛娱乐形式推向室外"直播+娱乐"模式，在全国具有开创性意义。同时，活动期望通过持续的努力，将中国湖南·张家界民俗文化活动月打造成像"西班牙斗牛节""柏林文化节"一样蜚声中外的世界文化品牌，给游客带来美好的文化享受。

据了解，2017年6月29日至8月28日举办的第二届中国湖南·张家界民俗文化活动月活动是由张家界市人民政府主办的中国全年最大的旅游文化创意营销活动，活动时间长，内容丰富，亮点突出。全市各大景区、近百家企业参与活动，近千名艺人参加民俗文化展演，万名网红积极参与全球直播。在文化活动月期间，"千人狂欢大摆手""绝版张家界，祈福天门山"、万福温泉泼水节、桑植民歌大体验、千人狂欢茅古斯、千人傩面祭先祖、"赶火追爱"摸米火塘会、百米长卷绘武陵等十大主题活动和土家摸米女儿会、狐仙寻亲、云顶赶歌会等十大日常活动轮番上演，集中展示了张家界的民俗文化，吸引国内外游客前来参与体验张家界不一样的民俗风情。

本次民俗文化月直播在线观看量突破5 000万人次，整个活动网络点击量突破一亿人次。据初步统计，2017年6月29日至8月27日，张家界国家森林公园、天门山、张家界大峡谷三大主要景区共接待游客319万人，同比增长15.29%。直播结束后的第一个周末，万福温泉接待人次较同期增加80%，创造了夏季温泉接待的小高峰。

通过"旅游+直播"，张家界实现了旅游营销全区域联动、全资源整合、全要素协作、全行业参与、全媒体覆盖，成功带动旅游市场纵深发展，成为该市旅游营销的又一次创新之举。

案例二：苏州国际旅游精准营销

2015年9月21日，苏州旅游局在国外开展 Sweepstakes 在线抽奖活动，报名参与人数超过 7 000 人，网站独立访客超过 2 万人，组织 18 位国外游客形成旅游体验团，在 2016 年 1 月来苏体验"苏式生活"，获得国际媒体的高度关注，引发网友热议，更多的苏州粉丝慕名而来，寻找自己心中的"东方威尼斯"。

近年来，苏州越来越受到国外游客的欢迎。那么，苏州缘何有这样的魅力，能让国外游客不远万里来"体验生活"？

全球化、智慧旅游、互联网+等新趋势的出现，为旅游拓展了无限的想象空间。休闲和体验旅游及游客的个性化需求，对传统的品牌、营销、业态都形成了巨大的挑战和冲击。在谈到苏州旅游的融合创新时，苏州市旅游局表示："旅游品质是苏州旅游业的核心，苏州旅游正在从传统观光时代向休闲度假时代转变，对苏州旅游而言，机遇与挑战并存。在此大背景下，苏州市旅游局以精准眼光，结合苏州特点与境外游客之间的需求，走出了一条国外新媒体宣传的新路子。"

1. 数据为先+"精"准营销，迅速引爆国外社交媒体

2015 年，苏州市旅游局制定国际营销战略，全面开拓国际市场。以 Facebook（现更名为 Mata）、Twitter 为宣传平台，面向全球游客，持续策划运营苏州旅游主题内容和特色活动，全力拓展苏州旅游品牌的国际知名度和

全球影响力。

苏州市旅游局推行"数据带动内容"的营销理念，即通过"大数据"平台云计算，找出核心投放区用户对苏州感兴趣的关键词，结合本土文化，创作出能激发国外游客对苏州这个"东方威尼斯"的想象力的文章，从而带来高互动率。

成功的宣传在于迅速抓住"引爆点"，实现效果最大化。一系列"精准"动作之后，截至2015年12月31日，8个月的时间，苏州官方Facebook（现更名为Mata）主页粉丝达83 675人，专页曝光10 698 110次，覆盖国外用户8 875 985人，累计互动用户579 228人；苏州官方Twitter主页粉丝达1.51万人，专页曝光8 684 704次，独立访客107 792人。苏州旅游Facebook（现更名为Mata）和Twitter运营时间不到一年，粉丝量已分列中国城市第三位和第一位。

2. 线上引爆+线下宣传，"双剑"合璧引发"苏式生活"热

以丰富的活动为载体，苏州市旅游局一方面注重对产业链中上游的国外旅游商的引导和宣传，另一方面不断夯实产业链下游的大众游客基础。基于国外社交媒体的推广宣传引爆线下活动，给苏州带来集中曝光率，将是未来苏州市旅游局国外推广的主攻方向之一。

知名旅游达人为苏州视频代言。苏州市旅游局首先邀请北美旅游达人到苏州旅游，亲自为苏州代言，然后连线北美知名旅游博主进行卫星访谈。在苏州拙政园对知名博主Julia进行采访，她对姑苏古典与现代相结合的城市风貌表现出极大的热情。旅行期间，该博主拍摄了多张苏州建筑风景照，并模

拟苏州古典美女形态拍摄诸多照片，宛如中国古典江南美人，这些照片在Facebook（现更名为Mata）引发北美网友热议。最后，此次主题访谈采访发布20段以上的视频，这些视频在网上多次传播，激发了国外游客前来苏州体验的热情。

纽约时尚达人亲身体验"苏式生活"。苏州园林是典型的东方园林，苏式生活又是最舒适和惬意的。为了营造神秘梦幻般的感觉，引发境外游客好奇心，激发探索欲望，苏州市旅游局邀请在Facebook（现更名为Meta）有影响力的旅游达人到阿姆斯庭院和纽约大都会艺术博物馆复制的网师园，亲身感受水上苏州、苏州评弹等传统苏州风景和文化，体验和制作苏式点心、昆曲、字画、古琴、刺绣、插花、丝绸等苏式生活，给西方游客制造了一场奇幻的"东方威尼斯之旅梦"，引发国外主流媒体关注，并引起西方旅游专业人士对苏式生活的热议和好奇。

独家内容传播让亿万网友为苏州宣传。与苏州市旅游局合作的品牌国外推广公司——东方嘉禾，拥有一支苏州驻地团队，专门为苏州项目配备了中英文编辑及摄影师。团队成员之间紧密合作，保证内容原创，独家发稿供应，其中不乏创意及引爆话题的帖文。2015年10月28日，一则月下水乡苏州并配以李白《静夜思》的帖文得到国外网友6万多次点赞，375条评论，几千次转发分享，在中国重阳节后第二日的时机+中国江南水乡+对故乡的思念+古诗等中国元素，成功触发国外粉丝的热议和转发。

不仅如此，苏州市旅游局还着重增加用户的黏性，每月推出线上活动。在2015年圣诞节及平安夜相继推出线上活动并发布到华人论坛及Facebook（现更名为Mata）热门群组，活动不断升温，引发网友持续关注。活动次日，共获得8 000多名网友的点赞。

通过独特视角创作的内容，大大触发了国外游客对苏州这个神秘而古老的东方水乡的无限遐想。一位名为 MargaretBurgess 的资深旅游达人，对苏州非常向往，多次留言表示一定要去探寻苏州——他的梦里水乡。另外有多位国外旅游达人通过 Facebook（现更名为 Mata）留言预约参加下次苏州市旅游局举办的线上活动。

3. 借力外脑+创新营销，打造国外传播生态系统

共赢才有未来。苏州国外社交媒体营销的成功，也是苏州市旅游局与东方嘉禾、美国 PHG 这样的专业机构联合创新营销战略的成功。通过前期科学的市场调研，苏州市旅游局在准确把握北美旅游市场脉络的基础上，联合北美前 50 名的旅游经销商，共同开发具有吸引力的苏州旅游产品。目前已有 20 家新的旅游经销商销售苏州旅游产品，有超过 30 条新的旅游线路供散客参考选择（包括苏州的旅游产品）。

通过利用广阔的新媒体渠道资源，并致力于打造国外传播生态系统，苏州旅游在线上市场营销领域也取得了创造性的成绩和突破。在北美地区建立苏州旅游官方网站 TraveltoSuzhou.com，并积极借助当地传统媒体及网络新媒体进行公关传播，苏州市旅游局成功为北美旅游经营商提供了一条方便推介苏州特色旅游产品与促进跨境产业对接的绿色通道。

游客的真实点评是最好的广告。为全方位提升苏州在国外市场的知名度和影响力，苏州市旅游局在 2015 年携手全球知名旅游评论网站 Tripadvisor（猫途鹰），打造苏州"国际旅游目的地"品牌形象。通过开设苏州旅游专题页面，向欧美用户定向推送旅游景点和目的地信息。

第五节 携程、飞猪旅游网站营销

1. 携程、飞猪旅游网站情况

据统计，在 2022 年十大在线旅游平台排行中，携程、同程旅游和飞猪排名前三。携程旅游支持在全国范围内提前预订酒店，用户可以通过携程 App 获取大量酒店信息，以此提高自己的出行质量。此外，携程还有更多简单实用的应用功能，等待着用户前去体验。飞猪旅游是一款在旅行过程当中，可以帮助用户快速入住酒店的 App，不用排队，并且免收押金，各项实用的功能提升了用户的使用体验。

2. 旅游网站营销的优势

（1）丰富的 UGC 资源。

UGC 是"User Generated Content"的缩写，中文可译作用户生产内容。UGC 的概念最早起源于互联网领域，即用户将自己原创的内容通过互联网平台进行展示或提供给其他用户。UGC 是随着以提倡个性化为主要特点的 Web2.0 概念而兴起的。UGC 并不是某一种具体的业务，而是一种用户使用互联网的新方式，即由原来的以下载为主变成下载和上传并重。YouTube、MySpace 等网站都可以看作 UGC 的成功案例，社区网络、博客和播客（视频分享）等都是 UGC 的主要应用形式。

UGC 模式简而言之就是调动网民的积极性去参与视频创作的热情，一般是企业通过活动，征集与企业相关的视频作品。在 UGC 模式下，网友不再只是观众，而是成为互联网内容的生产者和供应者，体验式互联网服务得以更深入地进行。携程、飞猪旅游网站营销原创内容强大，用户自主原创越多，就会被越多用户发现，也将会吸引越多用户的参与。旅游产品是携程、飞猪旅游网站营销的最大核心和亮点。携程和飞猪在移动端拥有的大量用户资源，通过互联网大数据了解顾客需求，有针对性地为客户提供旅游目的地产品和周围的酒店美食产品。携程和飞猪旅游网站在基于旅行兴趣延展出的多元圈层，已展开了丰富且卓有成效的营销探索和实践。

（2）优化资源配置。

互联网通过大数据的整合和分析，为各行业带来品牌资产、品牌流量与品牌价值的全面提升，通过对数据的深入挖掘与分析，携程和飞猪旅游网站能够依托大数据来优化供应链资源分配，通过用户的收藏和点评攻略，将旅游目的地进行分类和排名，为当地旅游发展提供借鉴，从而提高旅游目的地资源的供给能力，促进旅游业的发展。

3. 旅游网站营销策略

（1）内容营销。

内容营销是指以图片、文字、动画等形式，向客户传达有关企业的相关内容信息促进销售，通过合理的内容创建、发布及传播，向用户传递有价值的信息，从而实现网络营销目的的一种营销方式。根据不同的载体，内容传递的形式各有不同，但是其核心必须是一致的。

携程和飞猪旅游网站把旅游客户最实时、新鲜的需求信息收录下来，通过攻略和以目的地为主的信息结构体系，运用搜索引擎相关的数据挖掘、语意分析等技术分析用户内容，更准确地将地理位置等进行归类，并且以结构化的方式存储，将这些信息分发给更多即将出发的旅行用户。

（2）社群营销。

社群营销是指通过营销方法的创新及创意整合，进行营销方法的确定，以实现营销管理工作稳步创新的一种营销方式。社群营销作为社区服务中最为核心的营销推广技术，是传统营销活动的创新，同时也是最为有效的营销及推广活动。社群营销存在着较强的可信度，可以保证活动宣传的有效性，并为营销寻找更多的机会及思路。在互联网迅速发展的时代，像携程、飞猪旅游网站等各大线上网站的发展越来越迅速，传统旅行社的营销模式逐渐被取代，旅游市场上出现了"点餐式"的社群营销模式，即商家将旅游产品菜单提供给消费者，旅游用户自主勾选心动的旅游产品服务。这种自由选择型产品对用户而言更具多样化和新奇感，商家也可以更高效地将精准用户聚集

在一起，从而形成自己的社群。对消费者而言，线上旅行网站的社群营销与传统营销相比更具优势，无疑是最好的选择。

4. 旅游网站营销案例

案例一：从"淘宝旅行"到"飞猪"，改变了什么？

旅游电子商务如同一块诱人的蛋糕，吸引了众多的进入者。1999 年 5 月，艺龙成立于美国特拉华州，定位为城市生活资讯网站。1999 年，携程以商务旅游者为服务对象，从酒店预订起家。2008 年，驴妈妈以专攻周边自由行相关服务为起点。2006 年，马蜂窝以自由行和旅游攻略为主打。2004 年，同程旅游主攻景点门票。2010 年，阿里巴巴开始涉足在线旅游业，推出"淘宝旅行"，阿里巴巴希望其能够在旅游上复制淘宝成功经验，让酒店、景区、航空公司等服务商在淘宝开店，自己坐收佣金，然而，运行数年却不温不火。

淘宝旅行业务的几度更名

2014 年 10 月，淘宝旅行被分拆为阿里巴巴集团旗下的独立品牌，更名为"阿里旅行·去啊"，同时，阿里旗下航旅事业部升级为航旅事业群。当时，网络上就盛传淘宝旅行将改名为"飞猪"，阿里方面也注册了"飞猪"的域名，但最终却推出了"去啊"。

之后，阿里旅行动作不断，主要围绕酒店、景区、签证、机票推出的一系列"未来系"产品进行。2015 年，阿里旅行依托支付宝用户的信用数据，发布放心飞、未来酒店和未来景区等未来系列产品，在酒店、景区、机票业务领域推出一系列创新服务模式,为上游供应商提供整体解决方案,以增强旅游资源运营商的互联网水平,从而加速用户与供应商的连接效率,减少用户在线支付、退改等流程,提升用户体验。

短短几年时间,阿里旅行迅速扩大规模。易观智库发布的《2016年中国在线旅游市场年度综合报告》显示,按交易额计算,2015年在线旅游度假市场中,阿里旅行的交易占比达到28.1%。

2016年10月27日,阿里巴巴宣布,将旗下旅行品牌"阿里旅行"升级为全新品牌"飞猪"(Fliggy),并称"飞猪"是面向年轻消费者的休闲度假品牌,与面向企业差旅服务的阿里商旅一起构成阿里巴巴旗下的旅行业务单元。从"淘宝旅行"到"阿里旅行·去啊",再到"飞猪",阿里巴巴旅游板块的几度更名让人不禁思考,"阿里在旅游板块到底在思考什么,又想要做什么"?

飞猪做什么?

阿里巴巴从来不缺想象力,它们把宣布更名这一重要战略举措的地方,定在了冰天雪地的芬兰。2016年10月27日,阿里巴巴在位于北极圈内的芬兰圣诞老人村,举办了一场极光音乐会,并在这场音乐会上宣布飞猪的诞生。"旅行、音乐、梦想……这些极光音乐会所代表的主题元素,恰是现在年轻人喜爱和向往的。在互联网下成长起来的一代年轻人在为现实奋斗的同时,也敢于追求梦想、享受生活。"

音乐会上同步发行的还有飞猪欧洲目的地战略蓝图。飞猪准备从线下到线上,多维度创新地深挖当地旅游资源。飞猪计划与欧洲诸国深度合作,一站式呈现各大热门目的地丰富的旅游资源,并在当地建设地面实体服务

站，为中国游客提供中文服务。除此之外，大数据智能平台的在线高速处理服务和电话远程客服使飞猪提出"全球 30 分钟响应"的 24 小时服务标准成为可能。

在品牌升级为飞猪后，阿里旅行此前创新出来的业务线子品牌，如未来酒店、未来景区、未来飞行+等"未来系列"将继续沿用。而支付宝的交易、授信、信用等服务在"未来系列"中起着至关重要的作用，也是最重要的支撑。

"飞猪"为了谁？

飞猪方面对记者表示：飞猪此次重点提出服务"年轻消费者"的经营理念，因为从数据上看，阿里平台上 83%的消费者是"85 后"，因此，服务对象的年轻化不仅是一个思路，而且是一个事实。每个人都有一颗年轻的心，飞猪期望为大家打开这颗年轻的心。

华美顾问集团首席知识官、高级经济师赵焕焱对《时代周报》记者分析，飞猪和阿里商旅共同组成阿里巴巴旗下的旅行业务单元，阿里产品系列化的举措，可以适应不同的细分市场——商务和年轻人的新潮旅游。而年轻人市场可以起到口碑宣传的作用，抓住趋势变化也是可取的。当初淘宝也是先从年轻人着手，后来再推出天猫，两者的道理相同。

"飞猪"终于站在台前，并将继续其平台运营模式。"我们的定位是服务平台，高效连接消费者和商家。而 OTA 的本质则相反，是截断消费者和商家的联系，从中获得利润。"一年前，李少华就曾说："不管是做 OTA 还是做 PMS（Property Management System，酒店管理系统）的，都说自己要做平台。但我觉得他们的平台都是伪平台。平台是要帮助平台上的商家挣钱

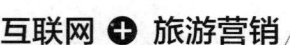

的，这些人的平台都是自己要挣钱的。平台不应该以提高自己的利润为运营条件。"

执惠旅游创始人兼 CEO 刘照慧在其公众号中写道："阿里采用了典型的平台打法，以阿里技术、数据、平台生态为依托，快速从产业链的标品切入，尽量多地连接行业资源，迅速积累酒店、非标住宿、大交通、小交通、景区等资源，除导入淘系流量外，阿里旅行同样注意流量入口的控制。例如，投资百程旅行网在签证上做卡位。同时，为了弥补实物电商的不足，阿里旅行也从内容黏性上做布局，通过几年的积累，形成了两大板块的产品线格局：在境内集中酒店、大小交通资源做商旅，在境外则升级品牌，下注"85 后"的千禧一代，赌年轻群体消费升级。"

背靠阿里的强大支持，飞猪有着不小的野心。李少华写给团队的信中说道，"阿里旅行"全新升级为"飞猪"，不是简单换一个名号。如果说，两年前启用"阿里旅行"，是因为需要这个名头闯荡江湖，那么如今阿里旅行已长大成人，必须自己走向社会。"我们以不到 1000 人的团队，做到了在线旅行全球第四大的交易规模。也为自己在未来的几年定下了一个万亿小目标。"

案例二：携程发布"旅游营销枢纽"战略

2021 年 3 月 29 日，携程集团联合创始人兼董事局主席梁建章正式发布"旅游营销枢纽"战略。梁建章指出，过去行业存在内容分散、碎片化，内容和流量不能精准匹配，内容和商品脱节，商家私域运营意识觉醒但自运营效率低，缺乏一站式的流量、内容和商品管理工具等几大痛点。纵观全球市

场，目前并没有高效的匹配工具能将流量、内容、商品对应整合起来。随着用户决策的线上化趋势及内容需求多样化，加之商家品牌也希望建立与用户的直接、顺畅的互动渠道，以完成私域流量的沉淀、转化，携程星球号便应运而生。

"旅游营销枢纽"战略将覆盖全域旅游场景，实现找产品、找灵感、找优惠、找攻略等用户端与商户端需求的一站式连通。该战略将通过"1+3"的模式推进，以星球号为载体，聚合流量、内容、商品三大核心板块，叠加丰富的旅行场景，承载不同的旅游营销需求，实现交易到订单的有效转化，最终实现服务的精准覆盖，打造强大开放的营销生态循环系统，通过内容转化和营销赋能为泛旅游业创造增量收益，并助力行业伙伴运营好自身的私域流量。事实上，携程的定位转变在某种程度上也是增强用户黏性、促进交易的一种手段。此前，用户是带着明确的交易目的到携程下单的，转型为"营销枢纽"后，个性化的内容能够提升用户打开 App 频次，延长停留时间、发现旅游需求；另一方面，对于产业链的供应商而言，也可能带来新的增长。

对三大核心板块而言：在流量方面，携程在大数据、算法及私域流量管理的支撑下，提供目标人群精准画像——进而实现流量的定向分发，为广告主精准引流，最终实现交易和转化。在内容方面，携程通过直播、榜单、社区三张"王牌"，打通线上线下内容渠道，汇集全网泛旅行内容核心创作者，实现内容产品一站式制作，为全域旅游营销提供强有力的内容支撑。在商品方面，携程推出预售、优惠、促销等玩法。基于携程独有的供应链优势，用户可在交易环节一键触达商品的核心价值点，直击产品属性及产品优缺点；再根据个人旅行需求，购买匹配的产品，实现交易的精准化。

除发布"旅游营销枢纽"战略外，在大会现场，携程集团首席执行官孙洁还展望了全球旅游业的复苏前景,并强调携程国际化依然存在巨大的成长空间。携程集团执行副总裁兼 CMO 孙波则从"内容生态营销升级"的角度,讲解了"旅游营销枢纽"战略的实现路径。孙洁表示,"内容生态"未来将成为携程国际化征程上的新助力。一方面,疫情之下携程继续在质量方面苦练内功,并通过"直播+预售"的创新营销,实现内容、产品、供应链在海外市场的全面渗透,为构建覆盖全球的泛旅游业营销枢纽做足准备的同时,进一步提升携程在国际旅游市场的品牌知名度和美誉度;另一方面,尽管海外业务受到疫情严重冲击,但是,携程平台上海外本土酒店预订量在 2020 年 7～8 月已经实现同比增长一倍以上,由此也为国际旅行市场开放后的加速增长积蓄了动力。据中国旅游研究院预测,出入境旅游市场有望在下半年有序启动。我们相信国内的复苏态势和新趋势未来也将出现在国际市场,彼时,携程将带着在国内市场积累的经验继续征战国际市场,并形成独特的竞争优势。[1]

---

[1] 资料来源:搜狐新闻网站。

参考文献

[1] 魏颖. 互联网营销如何突破传统营销思维限制对策研究[J]. 北京印刷学院学报，2017，25(7):36-38.

[2] 田志奇. 文旅融合下旅游目的地互联网思维的产品营销及创新[J]. 旅游学刊，2019，34(8):8-10.

[3] 邓宁，曲玉洁. 我国旅游大数据的产业实践：现状、问题及未来[J]. 旅游导刊，2021，5(4):1-15.

[4] 菲利普·科特勒. 市场营销学管理：亚洲版[M]. 第 11 版. 北京：中国人民大学出版社，2000.

[5] 菲利普·科特勒，约翰·T. 鲍文，詹姆斯·C. 麦肯斯. 旅游市场营销：第 6 版[M]. 谢彦君，李淼，郭英，等译. 北京：清华大学出版社，2017.

[6] 查尔斯·W·小兰姆. 营销学精要[M]. 大连：东北财经大学出版社，2000：206-207.

[7] 郭国庆. 国际营销学[M]. 北京：人民大学出版社，2008.

[8] 郭国庆. 营销学原理[M]. 北京：对外经济贸易大学出版社，2008.

[9] 郭国庆．市场营销学通论[M]．北京：中国人民大学出版社，2005．

[10] 刘昱．经典营销案例新编[M]．北京：经济管理出版社，2008．

[11] 胡春．市场营销案例评析[M]．北京：清华大学出版社，2008．

[12] 邓镝．营销策划案例分析[M]．北京：机械工业出版社，2007．

[13] 兰苓．现代市场营销学[M]．北京：首都经济贸易大学出版社，2005．

[14] 彭本红．营销管理创新[M]．武汉：武汉理工大学出版社，2008．

[15] 惠碧仙．市场营销——基本理论与案例分析[M]．北京：中国人民大学出版社，2004．

[16] 彭于寿．市场营销案例分析教程[M]．北京：北京大学出版社，2007．

[17] 朱华．市场营销案例精选精析[M]．北京：中国社会科学出版社，2006．

[18] 符国群．消费者行为学[M]．第2版．北京：高等教育出版社，2010．

[19] 于颖，巩少伟，马林．市场营销学[M]．北京：科学出版社，2008．

[20] Christopher Lovelock.Service Marketing: People,Technology, Strategy(Fourth Edition)[M]．北京：清华大学出版社，2001．

[21] 艾·里斯，杰克·特劳特．定位：重译版[M]．北京：机械工业出版社，2017．

[22] 布雷斯．市场调查宝典：问卷设计——经典培训工具箱[M]．胡零，刘智勇，译．上海：上海交通大学出版社，2005．

[23] 德尔·I．霍金斯．消费者行为学：第12版[M]．符国群，译．北京：机械工业出版社，2014．

[24] 郝康理．旅游新论——互联网时代旅游业创新与实践[M]．北京：科学出版社，2016．

[25] 赫尔曼·西蒙. 定价制胜：大师的定价经验与实践之路[M]. 北京：机械工业出版社，2017.

[26] 霍洛韦. 旅游营销学：第 4 版[M]. 修月祯，等译. 北京：旅游教育出版社，2006.

[27] 理查德·J. 塞米尼克. 促销与整合营销传播[M]. 徐惠忠，张洁，译. 北京：电子工业出版社，2005.

[28] 琳达·哥乔斯，爱德华·马里恩，查克·韦斯特. 渠道管理的第一本书[M]. 徐礼德，侯金刚，译. 北京：机械工业出版社，2013.

[29] 罗伯特·C. 刘易斯，理查德·E. 钱伯斯. 饭店业营销领导：原理与实践[M]. 大连：东北财经大学出版社，2005.

[30] 迈尔斯. 市场细分与定位——高效的战略营销决策方法[M]. 王祎，译. 北京：水利电力出版社，2005.

[31] 迈克尔·波特. 竞争战略[M]. 陈小悦，译. 北京：华夏出版社，2005.

[32] 迈克尔·所罗门. 消费者行为学：第 10 版[M]. 北京：中国人民大学出版社，2014.

[33] 迈克尔·J. 西尔弗斯坦. 感官营销：引爆品牌无限增长的 8 个关键点[M]. 北京：机械工业出版社，2017.

[34] 泽丝曼尔，比特纳，格兰姆勒. 服务营销：第 6 版[M]. 张金成，等译. 北京：机械工业出版社，2015.

[35] 小卡尔·迈克丹尼尔，罗杰·盖兹. 当代市场调研[M]. 范秀成，等译. 北京：机械工业出版社，2000.

[36] 亚伯拉罕·匹赞姆，优尔·曼斯菲尔德. 旅游消费者行为研究[M]. 大连：东北财经大学出版社，2005.

[37] 凯勒. 战略品牌管理：第4版[M]. 吴水龙, 等译. 北京：中国人民大学出版社, 2014.

[38] 林巧, 王元浩. 旅游市场营销：理论与中国新实践[M]. 杭州：浙江大学出版社, 2018.

[39] 李宏. 旅游目的地新媒体营销：策略、方法与案例[M]. 北京：旅游教育出版社, 2021.

[40] 林子雨. 大数据导论[M]. 北京：人民邮电出版社, 2021.

[41] 曲颖, 李天元. 旅游市场营销（第2版）[M]. 北京：中国人民大学出版社, 2018.

[42] 曲颖, 吕兴洋. 实现精准目标市场识别的美国入境游客细分[J]. 旅游学刊, 2017,32(1).

[43] 于勇毅. 大数据营销：如何利用数据精准定位客户及重构商业模式[M]. 北京：电子工业出版社, 2017.

[44] 冯郑凭. 互联网对我国旅游分销渠道的影响研究——从旅游业者视野的角度分析[J]. 北京第二外国语学院学报, 2010(3).

[45] 刘云畅. 新媒体营销：互联网时代的娱乐营销解密[M]. 北京：中国文史出版社, 2015.

[46] 鲁峰. 旅游市场营销：理论与案例[M]. 上海：上海财经大学出版社, 2015.

[47] 张朝枝, 游旺. 互联网对旅游目的地分销渠道影响——黄山案例研究[J]. 旅游学刊, 2012,27(3).

[48] 陈晓磬, 章海宏. 社交媒体的旅游应用研究现状及评述[J]. 旅游学刊, 2015,30(8).

[49] 林巧，戴维奇．红色旅游者动机实证研究——以井冈山景区为例[J]．北京第二外国语学院学报，2007(3)．

[50] 林巧，戴维奇．旅游目的地网络口碑信任度影响因素研究[J]．北京第二外国语学院学报，2008(7)．

[51] 林巧，王元浩．旅游市场营销原理与实践[M]．杭州：浙江大学出版社，2010．

[52] 丁家永．90后消费心理分析与未来营销策略思考[J]．中国营销传播网，2010，（6）．

[53] 王新业．快文化下慢生活[J]．销售与市场，2011，（1）．

[54] 朱丽．康大兔肉：细分市场的商机[J]．营销界，2010，（11）．

[55] 赵正．智强乳业集团特定细分市场营销[N]．中国经营报，2003，（8）．

[56] 约翰·奎尔奇．中年简朴者：一个新的消费者类型[J]．商业评论网，2008，（12）．

[57] 杨云飞．养君酒："差异化"笑傲区域市场[J]．销售与市场，2010，（12）．

[58] 沈小雨．奇瑞QQ诠释年轻人的第一辆车[J]．成功营销，2004，（2）．

[59] 杨丽佳．市场营销案例与实训[M]．北京：高等教育出版社，2006．

[60] 莫可道．酷体验：营销玩转80/90后[J]．销售与市场，2010，（12）．

[61] 贾衍菊．社交媒体时代旅游者行为研究进展——基于境外文献的梳理[J]．旅游学刊，2017,32(4)．

[62] 蒋依依，中国入境旅游发展年度报告(2016)[M]．北京：旅游教育出版社，2016．

[63] 李蜀鹏."旅游+新媒体"助推旅游目的地形象打造[J].旅游纵览（下半月），2017(11).

[64] 李晓.当代旅游市场营销方式的综合研究[M].北京：水利水电出版社，2018.

[65] 邹统钎.城市与区域旅游目的地营销经典案例[M].北京：经济管理出版社，2016.

[66] 邹统纤，陈芸.旅游目的地营销：第2版[M].北京：经济管理出版社，2017.

[67] 罗杰斯·创新的扩散：第5版[M].唐兴通，郑常青，张延臣，译.北京：电子工业出版社，2016.

反侵权盗版声明

电子工业出版社依法对本作品享有专有出版权。任何未经权利人书面许可，复制、销售或通过信息网络传播本作品的行为；歪曲、篡改、剽窃本作品的行为，均违反《中华人民共和国著作权法》，其行为人应承担相应的民事责任和行政责任，构成犯罪的，将被依法追究刑事责任。

为了维护市场秩序，保护权利人的合法权益，我社将依法查处和打击侵权盗版的单位和个人。欢迎社会各界人士积极举报侵权盗版行为，本社将奖励举报有功人员，并保证举报人的信息不被泄露。

举报电话：（010）88254396；（010）88258888
传　　真：（010）88254397
E-mail：　dbqq@phei.com.cn
通信地址：北京市万寿路 173 信箱
　　　　　电子工业出版社总编办公室
邮　　编：100036